中华文脉

新疆非物质文化遗产保护系列丛书

新疆维吾尔自治区文化厅 编

锡伯族西迁节

本册主编　佟加·庆夫

新疆美术摄影出版社
新疆电子音像出版社

图书在版编目（CIP）数据

锡伯族西迁节 / 新疆维吾尔自治区文化厅编.—乌鲁木齐：新疆美术摄影出版社：新疆电子音像出版社，2015.5
（中华文脉：新疆非物质文化遗产保护系列丛书）
ISBN 978-7-5469-6408-9

Ⅰ.①锡… Ⅱ.①新… Ⅲ.①锡伯族－民族节日－介绍－新疆 Ⅳ.①K892.1

中国版本图书馆CIP数据核字（2015）第108615号

责任编辑：轩　辕　王　芬　　　责任复审：吴晓霞
封面设计：党　红　　　　　　　责任决审：王英强
责任印制：刘伟煜

中华文脉
新疆非物质文化遗产保护系列丛书　　**锡伯族西迁节**
新疆维吾尔自治区文化厅　编

本册主编　佟加·庆夫
出　　版　新疆美术摄影出版社　新疆电子音像出版社（www.xjdzyx.com）
地　　址　乌鲁木齐市经济技术开发区科技园路5号（邮编830026）
发　　行　全国新华书店
印　　刷　北京新华印刷有限公司
开　　本　880 mm×1 230 mm　1/32
印　　张　9.625
字　　数　195千字
版　　次　2015年6月第1版
印　　次　2016年1月第1次印刷
书　　号　ISBN 978-7-5469-6408-9
定　　价　49.80元

网络出版　读读网（www.dudu-book365.com）
网络书店　淘宝网·新疆旅游书店（http://shop67841187.taobao.com）

中华文脉——新疆非物质文化遗产保护系列丛书

编委会

前 言

新疆历史悠久，是古代丝绸之路的重要枢纽，人类四大文明曾在这里汇聚碰撞，东西方文化曾在这里交融荟萃，不同的文化艺术、语言文字，彰显各自的独特魅力，使新疆文化具有明显的地域性和民族性特征。新疆地域辽阔，在天山南北广袤的土地上，留下了厚积千年的历史文化遗迹和深蕴独特的非物质文化遗产。新疆民族众多，各民族传统文化积淀深厚、形态多样、精彩绚丽。各民族文化在交流、碰撞中融合发展，既保存了民族传统文化的多样性，又创造了一体多元中华文化的共同特质。

新疆作为一个有着深厚历史积淀多民族聚居的省区，非物质文化遗产异常丰富，品类繁多，天山南北承载着各族人民生活的悠久历史，孕育出了丰富多彩的地域文化。自治区高度重视非物质文化遗产保护，先后颁布实施了《新疆维吾尔自治区非物质文化遗产条例》《新疆维吾尔自治区维吾尔木卡姆保护条例》。已有“中国新疆维吾尔木卡姆艺术”“玛纳斯”“麦西热甫”三个项目列入联合国教科文组织人类非物质文化遗产“代表作名录”和“急需保护名录”。建立起国家级、自治区级、地级、县级的四级非物质文化遗产名录体系，以保护和培养非物质文化遗产传承人为核心，传承人队伍不断发展壮大，这是新疆非物质文化遗产保护取得的重大成果，标志着新疆非物质文化遗产保护工作已形成有目标、有规划、全方位、整体性的保护机制。

新疆的非物质文化遗产产生于各族人民长期的生产生活实践，体现了中华民族所特有的生活方式、道德观念、审美情趣和艺术风格。它生长于民间，繁荣于社会，贴近实际、贴近生活、贴近群众，无论在价值观念或文化形态上，都为广大群众所喜闻乐见。这些弥足珍贵的非物质文化遗产蕴含着深刻的人与自然、人与社会、人与人之间和谐相处的理念，以及爱国友善、重诺守信、勤劳智慧等中华民族的优良传统、道德品质，同时还包含着中华民族的价值观念、审美追求与情感记忆，是新疆各族人民文化创造力的结晶。

本书的编辑出版得到了国家级、自治区级非物质文化遗产名录项目保护单位的大力支持，也得到有关专家的鼎力帮助，在此谨致崇高的敬意。由于非物质文化遗产保护是一项不断探索、逐步完善的工作，所以，丛书编辑中难免存在疏漏和不完善之处，敬请各方批评指正，以便进一步修订。

目 录

锡伯族概况

本章作为全书的常识部分，简要介绍了锡伯族的历史渊源、人口分布、居住及锡伯族语言文字和传统文化的总体情况。

一、历史沿革

锡伯族是我国人口较少的民族之一，也是新疆13个世居民族之一。锡伯族在史书上有须卜、室韦、失韦、史伯、西伯、席北、席伯、锡北等二十多种记载，都是其音转和异写。锡伯族历史源远流长，其先民是祖居北方的古代鲜卑人。鲜卑属于上古东胡的一支，东汉以前，其祖先拓跋鲜卑主要活动地带以大兴安岭“嘎仙洞”为中心，以渔猎为生。后来，鲜卑人逐渐强大起来，至魏晋南北朝时期，鲜卑形成几个大的部落，陆续扩张南迁至中原地区，建立北魏国家政权。自北魏以后，入主中原的鲜卑在汉族文化的强大影响下，从原始社会发展到封建社会，并融入汉族。当拓跋鲜卑的主体不断南迁并入主中原时，其中一部分仍居留在大兴安岭嘎仙洞及黑龙江、嫩江、辽

西迁壁雕
（之六）

西迁壁雕（之六）

河流域一带，这部分人后来被称为“室韦”，发展之后，他们就是今天的锡伯族。

明末清初，锡伯族人生活在大小兴安岭、呼伦贝尔草原一带，后来移居到嫩江、松花江流域，过着渔猎生活。后来陆续归属后金，被编入满洲八旗，农耕方式的生产关系得以形成和发展。康熙三十一年（1692），锡伯族比较集中地编入满洲八旗，以加强黑龙江和吉林地方的防务。康熙三十八年至四十年（1699—1701），清政府将安置在齐齐哈尔、伯都纳和吉林乌拉等地共七十四个牛录的锡伯族人分别迁至京师（今北京）和盛京（今辽宁省沈阳市），按牛录居住，由此改变了原有的生活方式，开始从事农业生产。

18世纪50年代中旬，清政府设置伊犁将军，统辖天山南北后，深感防守西部边境的兵力不足，便开始从东北调遣八旗官兵到伊犁驻守。当时除调遣察哈尔营和索伦营外，又于乾隆二十九年（1764）调遣4000余名锡伯族官兵和眷属西迁伊犁地区戍边，自此锡伯族人形成分居东北和新疆两地的格局。

西迁伊犁戍边的这一部分锡伯族官兵、眷属及其后裔，与当地各民族一道，对内反对分裂，维护祖国统一；对外抵御外来入侵，保卫边疆；兴修水利，开垦种田，发展农业；牧放官畜，饲养家禽，发展牧业；兼容并包，汲取精髓，繁荣文化，为祖国边疆的巩固和本地区经济社会及文化教育事业发展做出了不可磨灭的贡献。

牛录外景

二、居住

东北地区的锡伯族主要居住在辽宁的沈阳、开原、义县、北镇、新民、凤城等地，其余的散居在黑龙江省双城市、哈尔滨市、吉林省的扶余、前郭尔罗斯蒙古族自治县以及北京市等地。新疆的锡伯族集中居住在伊犁哈萨克自治州察布查尔锡伯自治县，其余的散居在伊宁市、霍城县、巩留县以及塔城市、乌鲁木齐市等地。

乾隆三十二年(1767)，西迁抵达伊犁的锡伯族军民被编为八个牛录(旗)，迁至伊犁河南岸地带屯田居驻(今察布查尔锡伯自治县境内)，防守

锡伯族民居外景

着与沙俄交界的18座卡伦，并驻守喀什噶尔（今喀什市）和塔尔巴哈台（今塔城市）等地，维护当地治安。嘉庆七年（1802），在锡伯营总管图伯特的带领下，经过六年艰苦奋战，从察布查尔山口引水，开挖察布查尔大渠，引来伊犁河水灌溉良田，自此锡伯族人定居大渠南北，形成今天牛录方式的居住格局。

过去，伊犁地区锡伯族的居住与营旗制度紧密相连，一个旗（即牛录）就是一个大村落，也是一个作战单位和生产组织，因此都筑有城堡，便于守卫。城堡围长3～7里不等，城堡里住着100多户人家。街道井然，每户都围有矮墙，住房都是坐北朝南，用土坯筑成，通常是3间。房前屋后是果园、菜园和畜圈。

国家级非物质文化遗产名录锡伯族西迁节的保护示范地是我国唯一的锡伯族自治县——察布查尔锡伯自治县。该县是新疆锡伯族人的主要居住地（现有锡伯族人口约21000人），位于新疆西部的伊犁河南岸和中天山西段，帖木里克山北麓，地处东经80°31′—81°43′，北纬43°17′—43°57′。全县东西最长约90千米，南北最宽约70千米。该县还有锡伯、汉、维吾尔、哈萨克、回等25个民族，锡伯族主要居住在两个镇（察布查尔镇、爱新舍里镇），4个乡（堆齐牛录乡、孙扎齐牛录乡、纳达齐牛录乡、扎库齐牛录乡）中，以务农为主。

察布查尔锡伯自治县总面积4430平方千

锡伯族民居室内三面火炉

米。地势南高北低，南部为山区、丘陵，中部为倾斜平原，北部为伊犁冲积平原。新疆径流量最大的伊犁河宛如镶嵌在扇边的玉带，环绕在自治县的北面，蜿蜒盘旋，出国境向西部的哈萨克斯坦共和国流去，汇入巴尔喀什湖。北隔伊犁河与伊犁哈萨克自治州州府伊宁市及伊宁县、霍城县相望，南部以山为界和昭苏县、特克斯县毗连，东邻巩留县，西部与哈萨克斯坦共和国接壤，边境线长达72千米。属北温带大陆性干旱气候。境内生态良好，森林和次森林等植物资源丰富，野生动物种类繁多，伊犁河水域盛产鱼类，另外还有储量丰富的煤炭和有色矿产资源。主要旅游景点有锡伯民俗风情园（国家3A级旅游景点）、清水湾（国家2A级旅游景点）、琼博拉森林公园、白石峰旅游景区、伊犁河谷次森林风景区。

三、人口分布

锡伯族人口布状况相对分散，小聚居、大分散是其主要特征。现有全国锡伯族总人口约20万人，主要分布在东北三省和新疆维吾尔自治区。其中辽宁省约14万余人，黑龙江省8000余人，吉林省3000余人，新疆4万余人。据《新疆统计年鉴》2010年公布的全国第六次人口普查统计

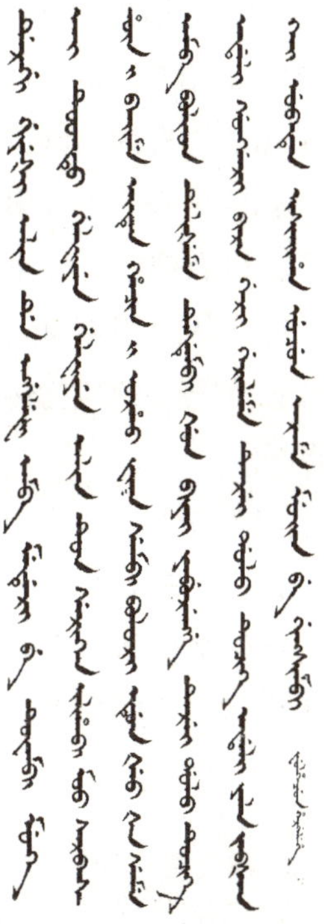

锡伯族文字

数据显示，新疆维吾尔自治区共有锡伯族42790人。其中伊犁哈萨克自治州34039人，察布查尔锡伯自治县20700人，伊宁市4448人，奎屯市279人，伊宁县268人，霍城县3172人，巩留县1594人，新源县428人，昭苏县79人，特克斯县240人，尼勒克县700人；乌鲁木齐5176人；克拉玛依市873人；吐鲁番地区32人；哈密地区169人；昌吉回族自治州628人；塔城地区1975人；阿勒泰地区86人；博尔塔拉蒙古自治州418人；巴音郭楞蒙古自治州199人；阿克苏地区125人；克孜勒苏柯尔克孜自治州32人；喀什地区137人；和田地区17人；生产建设兵团199人。

四、语言文字

锡伯族有自己的语言文字——锡伯语和锡伯文。锡伯语系阿尔泰语系——满—通古斯语族满语支。在新疆，属于满—通古斯语族满语支的只有锡伯语。锡伯语无方言区别，但书面语与口语之间存在着一定的差异。近代锡伯语的固有词与满语同源，但自两个多世纪以来，锡伯语中吸收了许多汉语、蒙古语、维吾尔语、哈萨克语和俄语等外来语，其词汇系统中随着社会发展进步和大量新事物的出现而吸收进来大量新词术语，使锡伯语成为锡伯族地区当代通用的一种民族语言。

新疆的锡伯族一直到20世纪40年代都使用满文。1947年，锡伯族知识分子对满文进行改进，创制了锡伯文。改进后的锡伯文仍然包含着满文的诸多功能和特点，在整个文字结构、书写形体和特点等各个方面，都保留了满文的完整

2006年，察布查尔锡伯自治县人民政府开会研究锡伯族语言环境保护规划

性，可以相互通用。迄今为止，新疆锡伯族居住区里依然留存着满语满文的生存环境，年岁较大的锡伯族人不但精通锡伯文，而且精通满文。

现行的锡伯语文是受政府部门管理的新疆6种民族语文之一，由自治区语言文字主管部门组织进行规范化、标准化工作，每年都规范公布一批新词术语。目前，锡伯语和锡伯文在锡伯族地区的社会交际及规范用语用字、广播电视、报纸、图书出版、信息处理和小学阶段锡汉双语中的锡伯语文教学等语言文字的重要领域使用。目前，锡伯语文仍然在本民族传统文化的保护、传承、发展和双语教学中发挥着别种语言文字不可替代的作用。民间大量的历史文献、文学作品、民间习俗、表演艺术、各类演唱材料、民歌、戏曲、翻译著作（用于念说）、叙事长诗、等均由锡伯语文生成并流传。

五、传统文化

东胡作为锡伯族的远祖，其文化属于草原文化类型，经济形态以畜牧业为主，兼事狩猎，战国后期与汉文化区域接近的南部地区有了初级阶段的农业和手工业。

东胡分裂后形成的两大部族鲜卑和乌桓，而

室韦又作为鲜卑的直系，北魏时期曾活动于洮尔河、绰尔河流域，以畜牧、狩猎、渔猎为主。到唐代，室韦开始在上述河流周围垦荒，发展少量农业。而魏晋南北朝和隋唐时期的室韦，其风俗习惯等社会文化基本继承了鲜卑文化。

金代锡伯族祖先文化呈现为草原文化和农业文化相结合的类型，在从事农业的同时，又未放弃游牧、狩猎文化。他们信奉萨满教，并开始接触儒、道、佛等文化。在语言、婚姻、丧葬及居住等方面，锡伯族祖先和女真族之间互相渗透、互相影响、互相吸收，形成许多共同点。

自元朝至清康熙三十一年，锡伯族被科尔沁蒙古统治达四百年之久。其间，锡伯族文化与蒙古文化互相影响、互相渗透、互相吸收，使锡伯族文化呈现多元化现象。1246年间，藏传佛教（俗称喇嘛教）开始在蒙古地区传播，锡伯族也开始接受喇嘛教，在其他信仰方面，蒙古族与锡伯族有许多共同点。如蒙古族人和锡伯族人一样崇拜天、地、日月、山河、星辰、五行，尤尊天神，均称“腾格里”。骑射、摔跤是两个民族的共同特长。在生活习俗方面，也表现出很多共同点，如家庭中幼子都受宠爱；在丧葬方面，两族均有“烧饭”之俗等。

锡伯族晚辈在街上与长辈相遇时所行的礼仪

清初，清政府将锡伯族军民分散安置于满洲各八旗，因此，他们与满族的关系日益密切，文化关系发生很大变化。首先，锡伯族逐渐改用满语满文。尤其是西迁的新疆锡伯族，不仅继承了满语满文，而且在社会实践中，又进一步丰富和发展了它。辛亥革命前后，满族开始遗弃自己的语言文字，改用汉语汉文，而新疆的锡伯族成为唯一仍然使用满语满文的语言群体。其次，锡伯族在风俗习惯方面较多地吸收了满族的文化特点，并加以改造和民族化，极大地丰富了自己的习俗文化。西迁的新疆锡伯族所保持的锡满文化结合后的民族文化特点，成为研究满族文化必不可少的活的文化群体。

在清代，锡伯族与汉族的交往由来已久。锡

察布查尔锡伯自治县小学讲授锡伯语文的情景

伯族迁入盛京(今沈阳)和京师等地以后,与汉族的交往更为加深,风俗习惯、语言等方面的沟通更加广泛,不少人开始掌握汉语,出现了使用双语的现象。

锡伯族西迁以来,与新疆的其他民族共同维护内部安定,抵御外侮,开发祖国边疆,建立了浓厚的民族情谊。在社会文化方面又相互吸收,取长补短,如部分锡伯族先后掌握了维吾尔语、哈萨克语,部分人掌握了俄语、汉语;他们还引进了俄罗斯族的教育方法和生活模式,吸收了其他民族的饮食事项,诸如抓饭、拌面、烤肉、纳仁等。

清代新疆锡伯族文化,表现出明显的"留守

型”成边屯垦文化形态。无论是民间文学还是创作文学，也无论是民间文艺活动还是官方的文化活动，都离不开戍边屯垦这一主题，如从征平叛、驻守卡伦台站、巡逻边界、骑射、念说、垦荒种地、坐滩渔猎、狩猎等都是本民族传统文化表现的主体内容。

从辛亥革命至新中国成立，汉文化和俄罗斯文化对锡伯族的影响更为加深。如锡汉双语教学日益加强和巩固，成为学校教育制度的一部分；文学爱好者基本掌握了汉语言文字，并开始用汉语创作，一批翻译工作者担任少数民族与汉族之间的口译和笔译工作；一些官员及富裕阶层，将子女送入伊宁市等地的俄罗斯学校学习，使锡伯族不少人家的社会文化、心理素质、行为

锡伯族重礼仪敬长辈——图为大年初一锡伯族男女晚辈向长辈跪拜请安

现代婚礼

模式、语言使用等都程度不同地俄罗斯化。通过多元文化交流，锡伯族社会中新的社会文化风尚和新道德标准，通过各种形式的宣扬而被逐步建立起来。

新中国建立后，一些新的文化事项逐步被树立起来。包办婚姻、买卖婚姻、指腹为婚、近亲联姻等被逐渐废除，妇女受教育程度越来越高，在物质生活方面，砖混结构、砖木结构的住宅形式已很普遍，单从服饰上已无法区分锡伯族与其他民族的差别。但饮食上仍保持着本民族的部分特点。萨满教和藏传佛教已成为历史的陈迹。其他原始信仰活动也被人们逐渐摒弃。传统的民间歌舞音乐和民间文学，在本民族特点的基础上，面向大众化方向发展。在目前锡伯族歌舞音乐艺术中,汉、维吾尔、哈萨克、俄罗斯、蒙古等民族的艺术成分都可以寻觅得到,这可以说是历史发展所带来的结果。

纵观新中国成立后的锡伯族传统文化,其多元化的特点逐渐显现出来。首先,受汉族文化的强烈影响,出现了逐步汉化的趋势。其次,民间的文化交流深层化,领域更广,凡婚丧嫁娶、居住、服饰、饮食、礼仪等等方面均呈现多元化。

现阶段,在中央和自治区关于文化大发展、大繁荣政策的引导下,锡伯族的文化出现空前复苏的新迹象。察布查尔锡伯自治县不仅成为锡伯族语言文字和传统文化的富集地,承担着保护和传承我国锡伯族传统文化的责任和义务,而且在各民族的相互学习和交往过程中,也形成了锡伯、汉、维吾尔、哈萨克等民族语言和文化并存、互补、交汇的人文环境,使这里的民族文化更具多样性、交互性特色,彰显出其鲜明的地域文化特征。近年来,该县的文化建设紧紧围绕中心工作,坚持“现代文化引领,提升软实力”,以创建民族团结进步模范县、文化强县为主线,大力推进非物质文化遗产保护工作,努力抢救和保护锡伯族文化遗产方面,取得了一系列令人瞩目的成果。

参考文献

[1]《锡伯族简史》编写组.锡伯族简史.北京：民族出版社.2008.

[2]新疆维吾尔自治区对外文化交流文化协会编.中国新疆民俗知识丛书·锡伯族.乌鲁木齐：新疆美术摄影出版社.2009.

[3]佟加·庆夫，文健编著.锡伯族非物质文化遗产代表作.乌鲁木齐：新疆人民出版社.2010.

[4]学俊，韩芸霞，文小龙著.锡伯族汗都春艺术

[5]佟加·庆夫.历史与民俗顾问.乌鲁木齐：新疆人民出版社.2011.

西迁节概述

概述：本章对锡伯族西迁节与农历『四一八』的传承关系、文化背景、历史渊源和沿革、传统仪式、现代仪式、文化空间、传承谱系、社会功能等做了较详尽的描述。

一、几种称谓

每年的农历四月十八日是锡伯族的传统节日，锡伯语称“杜音拜专扎坤”，过去又称“娘娘会”(子孙娘娘祭祀仪式)。“西迁节”这一称谓大概出现在20世纪70年代末和80年代初的相关新闻媒体报道中，后逐渐被本民族群众所接受，成为农历“四一八”传统节日的另一个称谓。因此，申报国家级和自治区级非物质文化遗产名录时即采用了“西迁节”这一称谓。“西迁节”在东北地区的锡伯族人当中亦称“迁徙节”或“怀亲节”(因怀念乾隆年间西迁新疆伊犁地区戍边的亲人而呼此名)，均系农历“四一八”传统节日的别称。

二、流布区域

2006年，西迁节列入第一批国家级非物质文化遗产名录，2007年列入第一批自治区级非物质文化遗产名录。西迁节流布于新疆、东北三省和全国锡伯族人散居区，目前，凡是锡伯族人民工作、生活和居住的地方，在每年的农历“四一八”都举行形式多样的节日纪念活动。

西迁节在国家级和自治区级名录申报和保护的主体是察布查尔锡伯自治县文化馆，归属该县文体广电局管辖。西迁节示范保护地察布查尔锡伯自治县是我国唯一的锡伯族自治县，也是新疆维吾尔自治区伊犁哈萨克自治州直属县之一。

县境内构成了锡伯族非物质文化生长、保存和传承的独特地理环境，原生态文化成分、非物质文化遗产代表作不但最为集中、最具特色，而且自成边屯垦以来生成的文化传统也在这里集成。这里还比较完整地保存着古代渔猎文化、萨满文化等文化遗产，并将本民族的语言文字、风俗习惯、宗教信仰和以西迁节为主体的节日文化较为完整地传承到今天。

察布查尔锡伯自治县的前身为清代伊犁锡伯营。锡伯营共为八旗，是军事、生产、行政合一的组织，战时从征，平时生产。这种“兵政合一”的特殊社会组织形式在锡伯族当中存在时间最长，直至1938年才被废除。八旗制度所发挥的管

记录西迁历史的民间作品

理作用渗透到锡伯族社会生活的各个方面，至今其影响仍未完全消除。由于锡伯族长期以来一直处在相对封闭的环境中戍边屯垦，周边有高山、大河自然阻隔，加之八旗制度的严格约束，族际之间的交往有限等原因，锡伯族的语言文字和传统文化在该地区得到比较完整地保存，使察布查尔锡伯自治县目前成为全国锡伯族语言与文化集大成的地区，比较完整地保留着本民族语言文字和传统文化环境和人文资源。

目前，西迁节作为国家级和自治区级非物质文化遗产名录，已成为察布查尔锡伯自治县推介经贸文化旅游活动和打造成西迁文化品牌的一个重要平台，每年都由政府部门举办大型的节日纪念活动，并借此机会广交朋友，招商引资，发展本地区的经济和民族文化，并由此西迁节及其文化传统以察布查尔锡伯自治县为中心，向全国锡伯族地区辐射，现已普及至新疆锡伯族散居区和北京、黑龙江、辽宁、吉林、内蒙古、天津等省区有锡伯族人工作和生活的地方。

三、历史渊源

在16世纪末以前，锡伯族繁衍生息在大小兴安岭的深山和松花江流域，这里山深林茂，水产丰富，是一个天然的狩猎和捕鱼场所，锡伯族先民曾经在这一带地区过着狩猎和捕鱼生活。农历“四一八”传统节日(以下称西迁节)就是源于上述锡伯族崇尚大自然的渔猎文化和习俗。民间传说农历四月十八日是锡伯族祭祀俗神奥莫希玛玛(子孙娘娘)的生日,每年这一天,锡伯族人都外出选择水草丰美之地,共食野餐,举行隆重的祭祀仪式,祈求人口兴旺、渔猎丰收,并由此形成这一传统节日。这一节日的祭祀活动,说明了它的来历与锡伯族的原始信仰有着密切联系。古代锡伯族对大自然的依赖性较强,对自然界变化多端的现象无法理解,认为自然力就是神力,形成对天地、日月、星辰、山石、林木、凶猛动物等自然物体及各种神灵的崇拜行为,并且形成特定的祭祀方式。对自然神的长期崇拜又随着时间的发展在氏族社会晚期信仰萨满教,其基本

狩猎遗风

观念是相信万物有灵和灵魂不灭。萨满教对锡伯族人心理素质、文化习俗、观念信仰诸方面的影响是深远的。早期的西迁节祭祀仪式中还融入萨满教的相关仪式，使之具有浓郁的宗教文化色彩，形成锡伯族渔猎文化时期的一种节日文化。

康熙三十八年至四十年（1699—1701），已被编入满洲八旗的七十四个牛录的锡伯族人由齐齐哈尔、伯都纳一带南迁至辽沈地区定居，男子在旗下当差，女子持家或务农。其间，于康熙四十六年（1707），在位于今沈阳市和平区皇姑寺路二十一号，“众锡伯筹银六十两，购房五间，建立太平寺”（亦称锡伯家庙）。太平寺建立以后，成为当时锡伯族人的聚集之所，曾经举办诸如拱灶、祭神、跳秧歌、表演太平鼓舞、竞技等活动。太平寺虽然是喇嘛教寺庙，但在庙内除供奉释迦牟尼等佛像外，也供奉关公、文昌等俗神像。太平寺建立以后，一年四季香火不断。每年要举行三次庙会，还要祭祀关公两次。最隆重的庙会是在农历四月十八举行的，这天大开庙门，锡伯族人拿着供品、香烛络绎不绝地来到太平寺，举行祭祖和庙会活动。期间不但喇嘛念经文，为大家祈福，而且供奉关公和文昌两位俗神。供奉关公是因为敬仰他骁勇善战,仁义忠君的精神;供奉文昌则是希望子孙们能在文昌神的保护下,知书达理,事事吉祥,由此形成集祭祀和庙会为一体的农历"四一八"传统节日仪式。而在这一传统节日里注入锡伯族西迁历史的内涵,则始于乾隆二十九年(1764)的农历四月十八。

18世纪中叶,清政府平定准噶尔叛乱、统一西域后,于1762年设置"总统伊犁等处将军",统辖天山南北。"有清一代,边患之地,莫过于新疆。"为了抵御和防止强邻沙俄向东扩张、蚕食我国西部领土,清政府从东北各省、河北张家口等地抽调蒙古、索伦、锡伯等民族组成的兵营,西迁来新疆伊犁地区戍守与沙俄交界的祖国西部边境。其中,于乾隆二十九年(1764)从盛京地区调迁锡伯官兵1000名,连同眷属共约4000人,前往伊犁地区戍边。这一拨西迁伊犁戍边的锡伯族官兵选择本民族的农历"四月十八"传统节日当天,在盛京(今辽宁省沈阳市)锡伯家庙——太平寺里举办离别宴会,留下和离去的人们共吃离别饭,共饮离别酒,为戎装西行的同胞们饯行。骨肉同胞东西相隔万里,遥遥思念而不能相见。正如叙事长诗《西迁之歌》中说述:"姑父姑姑哀哀来送行/呼唤着侄儿依依共幽咽/万般悲痛也救不了苦命/舅舅舅母幽幽来送行/一腔怨嗟簌簌泪沾衣/哭干了眼泪行人难久留/至爱亲朋戚戚来送行/顿足牵衣无言惟啜泣/而今奉命戍边到伊犁/满屯的乡亲含泪聚议/断肠时节应备饯别饭/观天择吉四月十八日！”自此始，每年的农历四月十八，留在东北地区故土的锡伯族人都要在太平寺内拱灶、宰杀猎物、吃高粱米饭，每户都去当家人，进行聚餐，来纪念锡伯族西迁的历史事件，缅怀离别的骨肉同胞。

正是在农历“四月十八”这一天，从盛京前往伊犁戍边的4000余名锡伯族军民，在盛京锡伯家庙与留在故土的同胞离别后，翌日（农历四月十九）便出发西行。他们乘坐简陋的交通工具，从盛京出发，通过柳条边彰武台边门，入科尔沁平

西迁途中

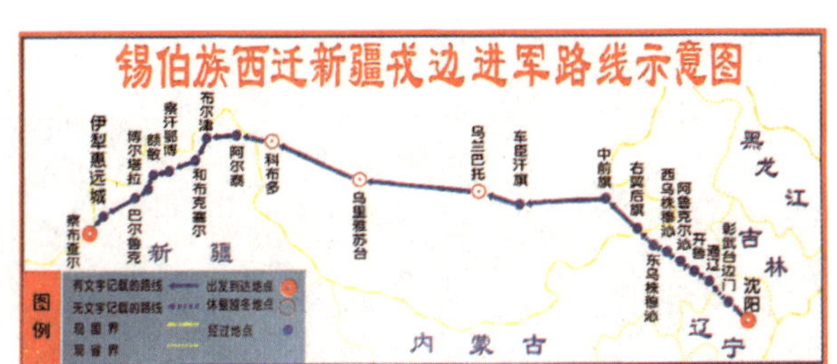

西迁路线图

原，绕过大兴安岭南端和达来诺尔，进入锡林郭勒盟境内及车臣汗部境内（今蒙古国苏赫巴托省境），经库伦（今乌兰巴托）行至乌里雅苏台过冬。途中在大漠深处凿井解决饮水困难，在清朝疆域地图上留下“锡伯吉尔孟”的地名。在乌里雅苏台过冬期间，牲畜因长途乘骑驾驭，加之雪原无草，开春时又碰上一场瘟疫，起程时所带之

西迁浮雕

牛3036头，先后倒毙2596头，仅剩400余头；所带之马2020匹，“大多疲瘦，生癞者众，不得其力”。经向朝廷呈报交涉，由乌里雅苏台将军报奏，朝廷允准从乌里雅苏台借给马500匹，骆驼500峰，抵伊犁后如数交还(后到伊犁后均由锡伯营官兵分摊，折银赔偿)。

乾隆三十年(1765)阳春三月，锡伯军民每人带了四个月的口粮和一个月的茶叶，从乌里雅苏台启程，向西进发。行至科布多一带，阿尔泰山积雪大量融化，“水深流急，不能行走”。他们改变行进路线，穿绕科齐斯山而行，寻浅水处跋涉。但受困多日，“所剩兵丁之口粮，只足月余之食”，所借马驼，亦倒毙甚多，只得向伊犁将军府求援。在未得伊犁派人接济之前，余粮已尽，畜力短缺。锡伯军民沿途采摘野草，和着一点点粮食，聊以充饥(为了纪念这段艰苦的经历，锡伯族人后来每年春季采摘一种叫“乌珠穆尔”的野菜吃)。期间架设浮桥渡过额尔齐斯河，在河畔留下“锡伯渡”的地名(今写齐伯渡)。至六月下旬，过霍博克赛尔、察罕鄂博等地，两队人马才得到接济。继而，又经过额敏、巴图鲁克、博尔塔拉等地，穿越险关隘道果子沟，于乾隆三十年(1765)七月下旬抵达伊犁绥定一带。在进入绥定城以前，男女老少都换掉褴褛的衣服，穿戴上最好的衣帽，佩带武器，精神抖擞地接受了伊犁将军的检阅。

锡伯族官兵与眷属，从白山黑水到伊犁河，冒酷暑、顶严寒，越千山、涉万水，风餐露宿，扶老携幼，横穿漠北，几次断粮，险境迭现，行程一万余里，将原定的三年行期缩短一大半，仅用一年零五个月，就抵达目的地，他们在祖国和民族的历史上写下光辉的一页。

有一首叫《锡伯心中的太阳》的诗这样描述道：告别故乡的愁苦哟/离别亲人的悲伤/蒙古草原的野狼哟/茫茫沙漠的饥渴/苍苍戈壁的横尸/皑皑雪山的冻骨/整整一年的折磨啊/当我站在伊犁河畔时/我已变为铁打的男子汉/我的颧骨/是我乌孙山的岩石/我的肩膀/是参天的老榆/我在

一夜之间/打出八个牛录的城墙/我在一天之内/挖成二百里的大渠/我在眨眼工夫/开出万项良田/我在一瞬间/修起星罗棋布的卡伦!

锡伯族军民西迁抵达伊犁以后,就组成锡伯营八旗,在长达一个多世纪的时空里,对外忠实地守卫着祖国西陲与沙俄交界的十八座卡伦(哨卡),对内戍守喀什噶尔(今喀什市)、塔尔巴哈台(今塔城市)等军事重镇,忠实地履行抵御外侵、维护地方安定的职责,捍卫了国家的最高利益,在维护祖国统一、保持地方稳定的重大政治、军事斗争中做出了重大的牺牲。1828年,锡伯营总管额尔固伦率领700余名官兵,随清军征剿叛匪张格尔,在浑巴什河一役,锡伯将士以150余名官兵为国捐躯的代价,击溃敌军2万余人,取得了平叛战役的决定性胜利。锡伯勇士纳松阿、舒兴阿在喀尔铁盖山生擒叛酋张格尔,绘图紫光阁。19世纪60—80年代,锡伯族军民在反对阿古柏反动统治、抗击沙俄侵占伊犁、迎接左宗棠收复新疆和伊犁的斗争中都做出了杰出贡献。在20世纪40年代中期的三区革命中,成立锡伯骑兵连,同国民党反动军队作战,34名战士英勇牺牲,以血的代价与新疆各族人民一起迎来新疆的和平解放。锡伯族军民在戍边的同时,在伊犁河谷腹地开挖察布查尔大渠，种植良田，筑堡屯居，在亘古荒原建起村落相望、阡陌相连的居民区，成为现今察布查尔锡伯自治县的雏形。清代锡伯营开挖的大渠成为伊犁各兵营屯垦戍边的典范，受到朝廷的嘉奖，倡导开挖大渠的锡伯营总官图伯特受到朝廷觐见并绘图紫光阁。1954年成立察布查尔锡伯自治县时，锡伯族人民便以大渠之名命名为自治县的称谓。如今大渠已有200多年的历史，流经5个乡、2个场、2个镇、3个团场，养育着10余万各族人民，沿途形成亮丽的民

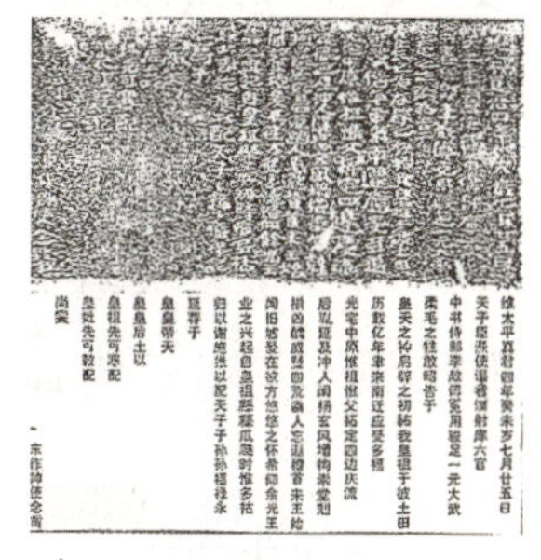
维太平真君四年癸未岁七月廿五日
天子臣焘使谒者仆射库六官
中书侍郎李敞傅㝹用骏足一元大武
柔毛之牲敢昭告于
皇天之神启辟之初祐我皇祖于彼土田
历载亿年聿来南迁应受多福
光宅中原惟祖惟父拓定四边庆流
后胤延及冲人阐扬玄风增构崇堂剋
揃凶丑威暨四荒幽人忘遐稽首来王始
闻旧墟爰在彼方悠悠之怀希仰余光王
业之兴起自皇祖绵绵瓜瓞时惟多祜
归以谢施推以配天子子孙孙福禄永
延荐于
皇皇帝天
皇皇后土以
皇祖先可寒配
皇妣先可敦配
尚飨
东作帅使念凿

上图：嘎仙洞石刻祝文

下图：嘎仙洞遗址

俗风景线,展示出锡伯族人民热爱祖国、热爱生活、自力更生、奋发图强的精神风貌。对此,一首赞颂图伯特的诗歌《察布查尔畅想曲》做了这样描述:四百多名健儿跟随你进军戈壁/春秋两季轮番作业毫不误农时/边挖渠边试水边耕种又获收益/智谋超群显示非凡的统帅才艺/修渠壮士挥汗如雨舍命劈岩石/你秉烛耿耿彻夜不眠精心设计/严寒酷暑雨雪风霜皆坚定不移/你身先士卒进出帐幔含蓼问疾/五千五百个日日夜夜奋战不息/八年的血汗结出了丰硕的果实/一泓渠水闪着银波蛇蜒二百里/流水潺潺滋润近八万亩耕地/每一朵浪花都展现胜利的欣喜!

锡伯族历来有重视教育、崇尚文化的优良传统,文化教育普及较早,民间有“宁肯要饭,也要让孩子上学”的说法。早在19世纪后期,就依靠自己的力量,率先兴办学校,在学校开展锡汉(满汉)双语教学;后来又在满文的基础上创制本民族的文字——锡伯文。从清代后期起就先后派出数百名留学生赴俄留学,将苏俄先进文化和技术引进过来。新疆的锡伯族人都会操两种或三四种语言,极富语言天赋,他们学习使用满语、汉语、维吾尔语、哈萨克语、蒙古语和俄语等语言,用来发展本民族的文化教育事业,以努力提升本民族的整体文化素质，成为会多种语言、受教育程度较高、与社会大文化融合性较强、能够与时代同步发展的民族。两个多世纪以来，锡伯族人民与新疆的其他兄弟民族团结和睦，共同发展。特别是锡伯族在发展本民族文化的过程中，吸收了满、汉、蒙古、俄罗斯、维吾尔、哈萨克等民族的优秀文化，生成和发展了颇具多元文化特征和鲜明地域特色的本民族传统文化。

在上述历史进程中，本民族的农历“四一八”传统节日中逐渐增加进来一项新内容，这就是每当节日来临，锡伯族人总是联想起1764年先辈们当年西迁成边的历史事件，敬仰祖辈们万难不屈的精神，并激发出强烈的爱国主义的热情。

四、传承谱系和传播空间

西迁节反映了锡伯族人的共同心理素质和

劈山修渠和捕鱼浮雕

文化特点，包含着他们特有的习俗、礼仪，丰富多彩的文体活动，饶有风趣的风土人情。二百四十余年来，西迁节成为充分展示锡伯族民俗文化和艺术的一个平台，并形成锡伯族传统的文化传播空间，同时向世人展示着锡伯族灿烂悠久的文化传统，并赋予这一节日浪漫的、动人的吉祥意义。

1.对原始渔猎文化的传承

过去，在农历"四一八"传统节日期间，锡伯族人必须到伊犁河边吃一顿新鲜鱼，这成为一个传统习惯。春季，锡伯族人在伊犁河上拉网、挂网、扳网，摆迷魂阵、诱鱼篓、冰洞逮鱼。"撒网打鱼到河边，搏击河水捕鱼忙，欢歌喜舞生活甜。"

居住在察布查尔锡伯自治县的锡伯族仍保留着爱好渔猎的习俗

由此形成每年过西迁节，都要到河边捕鱼、食鱼的习俗。还有一首诗这样描述锡伯族人西迁伊犁后的渔猎情景：

一手是渔网/一手是猎棒/搅江河翻雪岭/浑身是胆量/过一水撒一网/撒一网做一汤/黑龙江的渔网/撒到伊犁河上/走一山围一场/围一场换一方/兴安岭的猎棒/耍到山银哈达顶峰/河与锡伯共命运/山现锡伯回味香/酸甜苦辣皆是情/远山近水论英雄！

2.对宗教性祭祀仪式的传承

过去，农历“四一八”传统节日的活动大多是以庙会形式，在各牛录的寺院里举行，或者按照崇尚大自然的古老习俗，在野外举行，由此形成集宗教仪式、民俗文化和群众娱乐为一体的节庆仪式。过去，锡伯营八个牛录都修建了关帝庙，作为祭祀关公的场所，在每年的农历五月十三日举行祭祀仪式。届时，锡伯族人就会杀猪，举办祭祀仪式，以此纪念关公的英武精神。这种祭祀活动在民间俗称“磨刀节”，意为替关公磨刀。将煮熟的猪肉切成块，让大家分享。据说，过去举办关公的祭祀活动非常隆重。除此之外，还要举行“向索木达神祈求安康”（意为祈求小孩无病无灾、驱逐瘟神归天）、“向主管普天下生灵的娘娘

锡伯族萨满歌舞表演

神祈求多子多福"(意为人口繁衍)以及萨满跳神、攀刀梯等仪式。锡伯族还留存有诸如祭天礼、祭地礼、祭日月星辰礼、祭石头礼、祭虫蛇礼、萨满祈告礼、额尔琪祈禳礼、祭瘟神礼、祭俗神礼、祭娘娘礼及神门、路神、山神崇拜,河神和鱼神崇拜和供奉海尔堪、狐狸等原始文化礼仪和礼俗的痕迹。这些原生态宗教性祭祀仪式的遗风,在农历"四一八"传统节日的民俗活动中都有不同程度的体现。

3.对"国语骑射"文化的传承

在清代,满语满文被当作"国语"在八旗军民中推行。锡伯族在东北居住时就被编入满洲八旗,系统地学习并熟练地掌握了满语满文。自西迁新疆伊犁地区屯垦戍边时起直至20世纪40年代,满语满文始终成为锡伯族社会交际、开展公务、军事活动及学校教育中的主要工具,同时成为传承西迁节民俗艺术的载体,跨越了近两个世纪的时空,在新疆生成其独特的语言与文化空间。基于这一传承关系,锡伯族学者在国内外的满文研究、文献研究、文化研究及其整理、翻译方面都做出了独特贡献。这对于自清朝后期始就由鼎盛走向衰落、现已濒临消亡的满语文而言,其在锡伯族当中的留存,无疑为我国和世界满—

通古斯语族民俗现象的保存和研究提供了极为难得的"活化石"。

英姿潇洒/雕翎斜挂/锡伯儿女神射/引弓千钧欲发/一声鸣镝飞去/一朵彩云落下！

在过去的八旗制度下，出于戍边和军事斗争的需要，锡伯族村村有箭场，家家有弓箭，视"神射手"为无尚荣耀。家中降生男孩，门口定要用红绳挂一小弓箭，祝愿孩子成为一名勇敢善射的男儿。在男孩出生的第三天长辈要向天、地和东西南北方向各射一箭，祝福男孩日后能顶天立地，为国效力；男孩到了四五岁时，父母要给儿子制作一把小的弓箭，进行放弓射箭的早期训练；到十五六岁时，在教练的辅导下进行严格的骑射训练，参加民间的各类射箭比赛；满十八岁后每年都要参加官方严格的骑射考核，达标者注册为

20世纪50年代锡伯族民间射箭活动

20世纪50年代射箭场面

“伍克辛”(披甲)而应征入伍,成为誓守祖国边疆的战士。与敌征战,死后也是伴着自己心爱的弓箭一同入土。弓箭就是这样陪伴着锡伯族人降生、成长,弓箭文化孕育了锡伯族战胜一切困难的动力,并在漫长的时空里,逐渐由古代渔猎生活的谋生工具转化为守卫祖国的军事武器,又由军事武器转化为民俗艺术当中颇具特色的竞技娱乐活动。对此,有一首诗做了这样描述:

我像一支神箭/从发祥繁衍的白山黑水间/挽弓搭射出去/飞过了茫茫戈壁沙漠/穿过了凛凛的塞外风雪/跨过了滚滚的雪水山洪/直插广袤神奇的大西北/天山脚下/伊犁河畔!

新中国建立后,射箭成为现代竞技项目,西迁节民俗艺术所包含的善射传统继续得到发扬。这为传承本民族善射传统的锡伯族运动员创造了一个施展身手的平台。20世纪80—90年代，他们纵横驰骋在国内外箭坛赛场上，先后在全国射箭冠军赛、全国射箭锦标赛、全国室内射箭比赛、第六届全运会、第一届亚洲射箭比赛、罗马尼亚国际射箭邀请赛、中国射箭队访问爱尔兰射箭比赛、日本射箭队访问中国、中国射箭队访问朝鲜、第一届亚太地区射箭锦标赛、石家庄国际射箭邀请赛、第九届亚运会、第三届亚洲杯射箭比赛、威尼斯国际射箭邀请赛、亚太地区青年

锡伯族射箭的学生

射箭通讯比赛、第三十二届世界射箭锦标赛、第二届亚太地区射箭锦标赛、南宁国际射箭比赛、第二届“索非亚”杯国际射箭比赛、第二十三届奥运会、第十届亚运会、天津国际射箭比赛、中国射箭队访问泰国、第三十四世界射箭锦标赛、第五届亚洲杯射箭比赛、美国射箭队访问中国、国际射箭邀请赛等多项国内外重大射箭赛事中，郭梅珍、汝光、巴永善、伊文胜、永玉平、苏永清、强林、班志庆等锡伯族运动员荣获近百枚金牌、百余枚银牌和铜牌，创造了一段箭坛神话。在2005年全国第十届全运会上，以薛海峰等锡伯族运动员组成的新疆代表队荣获团体赛冠军，为国家、为民族赢得了荣誉。

察布查尔锡伯自治县是中国的箭乡，国家唯一的射箭体育运动学校就设在县上，这里成为国家培养射箭运动员后备人才的摇篮。今日弓箭对于锡伯族而言已不仅仅是一种工具，也是西迁节民俗艺术当中的一个精美的艺术品和吉祥物，更是一个民族文化、精神和历史的延续。每年举办西迁节活动时，射箭表演往往是重点项目。近几年，国内外客人来到察布查尔锡伯自治县，都要去射箭厅或旅游景点观看现代弓箭和传统响箭表演，领略箭乡的情趣，察布查尔锡伯自治县还设立了弓箭制作厂点，现已开发出帝王弓、霸王弓、九族弓、瑞祥弓、龙神弓、虎威弓等形状大小不一的旅游文化产品。这些弓箭工艺品已形成生产性的经营规模。

4.文化空间方式的传承和传播

改革开放以来，新疆各地锡伯族人纷纷举行西迁节纪念活动，不断扩大影响力和宣传力，并由此对外辐射，逐渐形成走向全国的文化空间。过去，东北地区的锡伯族人由于历史上的种种原因，失去了本民族的语言文字，也曾淡忘本民族的传统节日，在清代后期、民国时期和新中国建立以后至20世纪80年代初期，都未能举办节日活动。20世纪80年代起，新疆和东北两地同胞在世隔两个世纪之后终于相认相聚，相互来往日益频繁，民族情、同胞情、兄弟情不断加深。随着

1986年农历四月十八日，乌鲁木齐锡伯族的西迁节在四宫苗圃举办，新疆维吾尔自治区党、政、军主要领导王恩茂、宋汉良、铁木尔·达瓦买提、阿木冬·尼亚孜、贾那布尔、唐广才、黄宝璋等前来祝贺。

两地同胞互访、交流的逐年增强，沈阳市锡伯族于1983年在北陵公园集会，首次举办了西迁节纪念活动，讲述锡伯族西迁的历史经过，西迁成边的重要意义，以及本民族的习俗、文化艺术等，激励同胞们继承和发扬祖辈的光荣传统，为国家建设做出贡献。以此为开端，丹东市、哈尔滨市、长春市等于1984年，大连市于1986年先后举办西迁节纪念活动，继而普及至锡伯族居住的所有地区，使失传多年的节日文化传统在东北地区得到延续，并且得到所在地各级党政领导的高度重视和大力支持。至此，西迁节形成西出东进、纵横传播的文化空间，并将全国各地的锡伯族人民连结为一体，起到了文化交流、民族认同的纽带作用，进而促进了中华民族的认同，增进了民族团结和社会稳定，增强了民族的凝聚力。

现在，除新疆和东北地区外，西迁节的文化空间已扩展至诸如北京、天津、上海、西安、兰州等有锡伯族人工作或学习的地区。

五、社会功能

锡伯族在长期的生产实践中创造了许多具有浓郁本民族特色的西迁节日文化，随着社会经济文化的发展，西迁节日文化的内容越来越丰富，对锡伯族发展产生的影响和作用也越来越明显，充分显示出如下诸方面的社会功能：

1.西迁节的传承载体功能

西迁节是锡伯族的历代先民在其历史发展的长河中，为适应生产生活的需要而逐渐发展形成的，并随着时代的进步、社会经济的发展和自然环境的变化不断演变并一代代传承下来的一种民族文化载体。它与锡伯族的西迁历史、社会经济、天文、地理、音乐、歌舞、饮食、服饰和宗教等有着密切的联系，是锡伯族民族意识的个性表达。西迁节不仅是锡伯族文化异彩纷呈的表现，同时也是锡伯族群众进行物质生产、精神文化交流的特定场所，与锡伯族群众的生产生活息息相关。

2.西迁节的节日文化功能

西迁节对树立民族自尊心，增强民族自豪感，加强民族凝聚力，进行爱国主义教育，有着不可低估的作用。西迁节还作为一种载体和复合性的文化表现形式，居于非物质文化遗产框架的核心地位。西迁节的周期性遵循着岁时节律和生活节律，形成了系统的文化符号体系，它是锡伯族文化的载体和象征性符号，具有鲜明的本民族节日文化的累积性与群体性特征。西迁节同时也是一种复杂的社会文化现象，它包括信仰、心理、价值观念、民族性格、思维方式、风尚习俗、伦理道德、艺术等诸多内容。

3.西迁节反映锡伯族重大历史事件的功能

西迁节与锡伯族的西迁戍边的爱国历史有直接关系，它反映了锡伯族历史上发生的悲壮而辉煌的西迁事件，以及西迁以后保卫祖国边防、建设家园的历史进程。这些事件生动地启示着锡伯族人民忠于祖国、热爱生活的民族精神，具有其自身的内涵和多方面的社会功能。

4.西迁节本民族文化认同的功能

锡伯族的文化认同是使本民族成员集合在一个民族内的情感，是一种使其成员互为亲近的情感。本民族成员只有在伦理价值观念等文化背景相同的情况下，才能具有这种认同感，并在这种文化认同中凝聚成一个整体。西迁节的凝聚功能主要表现在：一是强化民族意识。西迁节凝聚力的特征十分明显。二是能够充分动员本民族文化的资源，使其具有实实在在的民族凝聚力和向心力，并使之成为其他民族认识锡伯族的主要文化符号。

5.西迁节的标志性民族文化功能

西迁节能够显著地体现本民族的文化特色。当中包括渔猎文化、萨满文化、歌舞、音乐、工艺、美术、戏曲、故事、歌谣、神话、传说、念说、服饰、饮食、文体娱乐、竞技、习俗等众多内容的文化表现形式，反映出各个时期锡伯族地区政治、经济、生产、生活、民俗和宗教方面的真实面貌。这一切都借助于西迁节这一特殊表现形式，得以集中展现、传承和传播，使节日具有多角度、全方位的文化内涵，营造出各民族成员都尊重和积极参与西迁节活动的浓厚氛围。

6.西迁节凝结爱国主义情感的功能

西迁节承载着锡伯族的文化血脉和思想精华，具有传承本民族优秀文化传统、推动社会主义先进文化发展繁荣的功能。

西迁节成为在锡伯族地区建设先进文化的

西迁节期间保留着河水煮河鱼的饮食传统

宝贵资源,以及成为运用节日方式,促进本民族自治地方发展特色旅游产业、招商引资、发展经济和文化、教育事业,推动团结互助、融合相处的人际关系和平等友爱、温馨和谐的社会环境,激发社会活力,调动民间力量,进一步增进中华民族凝聚力和认同感的载体。

7.西迁节增进民族团结的功能

锡伯族历来与周边各民族和睦相处,积极学习他们的语言与文化,结下谁也离不开谁的关系。这在西迁节活动当中得到充分体现。在察布查尔锡伯自治县或其他地区,每年举办的西迁节活动都不分民族,只要本人愿意,其他民族成员均可参与。通过举办节庆活动,不断增进民族间的团结,成为约定俗成的一个节日传统。

8.西迁节人际调节的功能

重人伦、重亲情、重礼仪、重和谐等历史上生成的传统礼仪和文明举止,都可以在西迁节举办期间得到集中展示。节日期间人们在举止言行各方面的自我约束和对于道德情操的提升会产生积极影响,并体现出锡伯族的优良传统伦理和礼俗,有浓厚的人情味。这已成为维系锡伯族社会人际关系的重要感情纽带,并且有助于道德和情操的培育,同时对于加强对外交流和沟通都有助益。

9.西迁节的教育功能

锡伯族的西迁历史走进学校，成为爱国主义的本土教材。西迁节具备学生参与和教育形式、内容综合等独有特征，它在学生素质的提高和社会稳定方面起到的教育功能也不可替代，可通过学生们亲自参与节日活动受到一定教育，可使学生懂得锡伯族的西迁历史，还可从中学习锡伯族的相关知识、伦理道德、发展历程、生产生活经验、文学艺术、体育、歌舞音乐等。

参考文献

[1]沈阳市民委民族志编纂办公室编.沈阳市锡伯族志.沈阳：辽宁民族出版社，1988.

[2]佟加·庆夫.西域锡伯人.乌鲁木齐：新疆大学出版社，1999.

[3]政协文史资料.察布查尔锡伯自治县文史资料(第一辑)，2002.

西迁节表现形态和基本内容

概述：本章从不同侧面、不同角度对西迁节的表现形式、基本内容、基本特征和主要价值做了较详尽的描述，从展示西迁节所具有的深刻文化内涵。

一、基本表现形态

西迁节作为锡伯族重要的传统节日，是锡伯族传统文化的重要组成部分和重要载体，它承载着丰厚的历史文化内涵，是锡伯族精神信仰、审美情趣、伦理关系与消费习惯的集中展示。西迁节以一种潜移默化、寓教于乐的表现形态，展示着锡伯族辉煌的西迁历史和丰富的精神世界，表达着锡伯族人对美好理想、对人类智慧与道德的追求和向往。西迁节的基本表现形态有如下几个方面：

1.物质文化和非物质文化的表现形态

西迁节包含着物质的和非物质的两种文化表现形态。

西迁节的物质形态包括：寺庙（靖远寺、关帝

阿布沙特尔卡伦遗址

察布查尔大渠龙口

庙、娘娘庙)、祠堂(图伯特纪念堂)、卡伦(现存卡伦遗址)、文物古迹、传统民居、生产工具、生活用具、传统饮食、传统服饰、传统手工艺品以及各个历史时代的重要实物、艺术品、文献、手稿、古籍、资料、代表性实物等可移动文物。

西迁节的非物质形态包括:与锡伯族群众生活密切相关的、锡伯族人民世代相承的传统文化表现形式,包括锡伯族的口头传统(如歌谣、神话、史诗、故事、传说、谚语等)、传统表演艺术(如传统音乐、舞蹈、戏剧、曲艺、杂技等)、民俗活动、人生礼仪、节日庆典、民间体育和竞技、有关自然界和宇宙的民间传统知识和实践、传统的手工艺技能等以及与上述文化表现形式相关的文化空间。

察布查尔锡伯自治县爱新舍里镇西迁广场纪念塔

西迁节的表现形态，以其精神的、物质的，有形的、无形，存活在锡伯族人的精神世界里，体现在锡伯族人的社会活动和日常生活中，内化为锡伯族人的知识、信仰、风俗、道德，成为构建锡伯族人以忠诚、英勇、包容、开放、创新、勤劳为内容的核心价值体系的展示平台。

2.文化记忆方式的表现形态

文化记忆，是一个国家或民族的集体记忆力。文化记忆的两个主要形式一是仪式，一是节日，它们都使得群体能够参与到文化记忆之中，西迁节就是通过其相关仪式激发本民族群体的集体记忆，将本民族的文化记忆转化为可见可感的仪式，并通过举行特定的节日庆典仪式引起人们的特别关心和注目。西迁节的相关仪式对于锡伯族传统文化的意义,远远大于我们迄今为止的认识。它不仅和文本记忆相辅相成,而且在很大程度上还具备了超越和驾驭文本记忆的巨大潜能。在视听传媒越来越发达的今天,西迁节的庆典仪式已不再受到时空的限制,它可以通过电视转播和录像等形式达到比文字文本更大的公开性、更广的传播空间和更加机动灵活的时间性。西迁节仪式的文化记忆功能具有三个不可或缺的环节:一是本民族成员的全部到场和

上图:位于察布查尔锡伯自治县纳达齐牛录广场的图伯特雕像

下图:何兴谦先生创作的《西迁组画》之《家庙壮别》

2010年察布查尔锡伯自治县依拉齐牛录举办的西迁节活动现场

亲自参与；二是对本民族历史的回顾和重新收录，将本民族的历史和文化信息显现出来，并在更大、更广的范围内进行传播；三是通过特定时间、特定场合和特别的庆典仪式将本民族文化记录下来。所以，西迁节本身就已带有强烈的历史意义，担当着文化记忆载体与媒体的功能，它就像是一个展示本民族文化的橱窗，向世人展示着锡伯族的文化传统。

3.核心文化价值方式的表现形态

西迁节是一幅丰富而浪漫的历史文化长卷，多姿多彩、令人陶醉。它被赋予忠于祖国、热爱祖国、热爱家乡的精神内涵，体现了锡伯族人对生活的热爱和对社会进步的渴望，展示出锡伯族朴实、热情、开朗、健康的民族特性，表达着锡伯族人的喜怒哀乐、悲欢离合，彰显着锡伯族人自觉的社会责任感和多彩的心灵，而其丰富的文化内涵，恰恰就是西迁节得以世代传承的内在动力和永恒魅力。

西迁节作为锡伯族的传统节日，经过了一个不断吸取多元文化精髓而逐步演进的过程。在长期的演进中，西迁节构成一个完整而和谐的节日文化价值体系。而在这节日价值体系中展示出来的则是锡伯族在漫长的历史长河中保持自己、吸纳外来、独具特色、辉煌灿烂的文化价值观，包含着锡伯族在民族发展过程中所经历的渔猎文化、萨满文化、农耕文化、八旗文化、戍边屯垦文化以及现代文化等演变发展阶段，以及在各个时期生成的众多文化事项。

“朱伦”念说

新疆地区的锡伯族从本质上讲是个迁徙民族，而作为迁徙民族最少保守和封闭，最擅长于吸收一切外来文化，最能以一种开放的心态对待并接受周围的一切新生事物。锡伯族西迁伊犁戍边屯垦两个多世纪以来，一方面保留了以渔猎文化和萨满文化为代表的原生态文化遗迹，其中也包括北方民族原有的文化形态、信仰和生活习俗；另一方面创造并发展了以戍边屯垦为主题的具有西域特色的本土文化，这是锡伯族传统文化得以发展的一条主线，也是留存于当代社会的核心文化价值元素。这条主线始终贯穿着这样几个方面的主题：一是以守卫祖国边防、捍卫国家

伊犁河

最高利益为核心内容的西迁精神及其文化积淀。锡伯族在西迁戍边屯垦的辉煌历史中谱写出了很多可歌可泣的英雄故事和传奇,演绎了一曲曲动人的爱国主义的乐章。可以说,以爱国主义为主要内容的西迁精神已经演化为锡伯族传统文化的精神支柱,这一爱国主义的精神内涵教育和激励着一代又一代锡伯族人,并在现阶段升华为锡伯族人以爱国主义为核心的民族精神和以改革创新为核心的时代精神;二是颂扬了以额尔固伦、喀尔莽阿、博尔果素等为代表的革命英雄精神。这些民族英雄奠定的抵御外来侵略、反对分裂、维护祖国统一的革命英雄主义成为锡伯

族人长期以来的坚定不移的信念;三是培育了以图伯特、布唐阿为代表的自力更生、艰苦奋斗的创业精神。图伯特率领西迁的锡伯族民众挖掘的察布查尔大渠,以其物质文化标志性的典范作用,强化着锡伯族人自强不息的进取精神;四是培育了以色布西贤、西吉尔浑、萨拉春等为代表的重文化、重教育的精神,这为锡伯族在不同的历史发展阶段能够与时俱进,学习先进文化知识、提高民族素质起了决定性作用;五是积极学习吸收外来文化的一切有益的成分,开放性地吸收了满、汉、俄罗斯、维吾尔、哈萨克、蒙古等民族的优秀文化,其中包括语言文字、社会制度、科学技术、生活习俗、饮食、建筑、歌舞音乐等,在锡伯族吸收的异质文化中,清代八旗文化和近现代汉族文化的影响是巨大的,甚至在一定程度上起着主导作用。

锡伯族的西迁文化就是锡伯族的心灵发展史、灵魂发展史,这种文化赋予锡伯族人一种史诗般非同寻常的厚重感,使之具有一种与众不同的凛然大气。锡伯族人在这种节日的文化氛围里表达着对生活的热爱,对时代的不懈追求,而这一切都是西迁节文化内涵的表现形态。几个世纪以来,锡伯族人一直通过西迁节活动,纪念祖先的这一西迁壮举和戍边屯垦的英雄业绩，借此继承和发扬先辈们热爱祖国、勇于牺牲的西迁精神，展现当今锡伯族人民与时俱进的精神风貌，呈现本民族的民俗艺术和文化传统。所以享受锡伯族的西迁节文化，就是享受一种精神的升华。

4.情感诉求方式的表现形态

在现代社会，人们更加需要有心灵的安慰、精神的支撑和情感的流露，在人们的精神需求日益增强之后，将会积淀起丰富的精神资源和历史传统。西迁节正是起着这样的作用。

西迁节最容易唤起人们对亲人、对家庭、对故乡、对祖国的情感，唤起对本民族文化的记忆、

锡伯族同胞在野外欢度西迁节

对民族精神的认同，唤起同宗同源的民族情、文化同根性的亲和力。每年举办的西迁节纪念活动和节日仪式，是锡伯族人在他们的精神世界里涌动着共同的情感和期盼。西迁节有明确的节日纪念对象及意义，通过感受西迁节所体现的本民族优秀传统文化的博大，能够使锡伯族人精神生活得到充实，道德境界得到升华，周而复始，岁岁年年，锡伯族人不断体会着本民族特有的生活方式与文化取向，体会到他们共有的精神家园的温馨与和谐。

5.民俗文化方式的表现形态

西迁节是锡伯族民俗文化的主干之一，在其表现的传统仪式中，展示出本民族众多的民俗事象，形成其现代生活基础上的继承与发展体系。具体表现在：一是西迁节形成特定文化空间（必须在每年的农历四月十八日这一天按特定时间、

特定场所、特定仪式举办)的传统形式与现代形式相结合的文化活动;二是特定群体传承的文化传统(全国各地锡伯族人在同一时间、不同场合、不同形式举办的西迁节纪念活动)。从总体上看,西迁节表现的民俗文化形态主要包括如下两个方面的内容:

(1)祭祀方式的表现形式:西方节汇集一系列的祭祀、聚会、娱乐或饮食等风俗,既有其特定的人文取向,又包含了娱乐或休闲的成分,形成其独特的表现方式。例如,在过去的节庆仪式中,可看到萨满跳神的表演,包括攀刀梯、除病、消灾、占卜、禳解等程式;在锡伯族民间的节日仪式中,可以看到对大自然的崇拜、对祖先的崇拜、俗神的崇拜、万物之神的崇拜等遗迹;对卡伦的祭祀仪式和英雄人物(如图伯特)的纪念仪式,在过去和现在的西迁节仪式中都是必不可少的;农

锡伯风情园外景

西迁节的活动中少不了民俗歌舞表演表 图为察布查尔锡伯自治县民族歌舞团表演的萨满歌舞

历四月十八这一天,去河边吃鱼、吃高粱米饭、磨面制作面酱等也是西迁节的重要内容之一。以上具有原始文化形态的相关习俗和仪式都成为西迁节的表现形态而固定下来,代代相传直到今天。

(2)纪念方式的表现形态。西迁节已经成为纪念锡伯族西迁的特定节日,也成为回忆本民族历史上的重大事件和缅怀本民族英雄人物而确立的一个特殊日期。清朝乾隆二十九年(1764)农历四月十八日,居住在今辽宁一带的锡伯族官兵千余人,连同眷属共4000余人,奉清政府之命启程赴新疆伊犁一带戍边,并以此为家逐渐定居下来,建立起了自己的家园。自此,每到农历的四月十八日,都要举行盛大的纪念活动,在节日里男女老少穿着节日盛装,举行唱歌跳舞、射箭、摔跤、赛马等传统的文体娱乐活动。由此这种纪念形式一代代传承了下来。

6.协同教育方式的表现形态

西迁节具有协同教育的优越性与可能性。西迁节作为传统节日，本来就是一个更新和维护锡伯族社会关系的文化空间，可将其作为协同教育的平台，有助于协助教师、家长、学生之间的友好关系。每当节日来临之际，无论围绕何种习俗活动展开，只要教师、家长和学生共同参与其中，他们就可以在同一个时空中互动，就会促进彼此之间的交流和协作，这对于形成良好个人素质，协调和谐人际关系，塑造文明的社会风气，进行社会主义精神文明建设，都具有积极的促进作用。比如，在察布查尔锡伯自治县每年举办的西迁节活动中，都有老师、家长和学生积极参与，他

对西迁文化遗址进行保护是传承西迁精神的一项重要内容。图为卡伦祭拜活动。

们通过节日活动可以拉近彼此的心理距离，从而很好地解决了原先难以解决的参与有限与地位失衡的问题；再如，西迁节是一个复合性的文化载体，不仅有着非常丰富的活动内容，而且承载着锡伯族的价值观、审美观和人生追求，是锡伯族优秀传统的集中表现，因而参与西迁节活动，不仅是对老师、家长和学生心智、体能的训练，也是对他们人生观、价值观、世界观、责任意识、环境意识、爱国主义精神等的培养。因此，以西迁节为平台的协同教育不仅是一种文化教育，也是一种精神教育，同时也是多层次、全方位的综合教育。

7.传统体育方式的表现形态

锡伯族的传统体育活动，与西迁节有着十分密切的关系，也是西迁节纪念活动中不可缺少的内容。西迁节为锡伯族传统体育活动提供了集中展示的场所，传统体育活动又为西迁节活动提供了良好的支撑，为节日内容内容增添了纷繁多姿的色彩，二者相得益彰，互相生辉。在每年的西迁节活动期间，除了文艺表演外，还要开展形式多样的射箭、摔跤、赛马等体育竞技活动，这些体育活动有着悠久的传统。以前锡伯营的八个牛录在西迁节期间都组织举行射箭比赛，先是在牛录内举行选拔赛，即按街坊选出数名射手，集中十几日练习，然后节日来临时在牛录范围内进行比赛，夺魁者受到官府奖励，牛录群众亦捐助奖励。为增加露头气氛，比赛中输的一方要准备丰盛的宴席宴请赢的一方，席间赢方长者将礼品，如弓箭、靴子、箭袋等颁发给获奖者。在以前的射箭比赛中，箭靶用马皮和毛毡制成，靶上粘蓝、黄、绿、黑、紫、红六色布环圈，红圈为靶心，箭头呈圆锥形，上有四小孔，箭一离弦，啸声震耳，使观者精神振奋，这为节日活动增添了很多

锡伯族现代射箭

西迁节活动中展销的锡伯族刺绣工艺品

乐趣。

8.旅游文化方式的表现形态

西迁节还是一种丰厚的文化旅游资源。西迁节的旅游开发具有经济、政治、文化、社会、环保等价值。通过挖掘西迁节的文化内涵、历史渊源、有关传说和民间仪式，突出其标志性文化符号，以政府指导、社区组织、民众参与、旅游互动方式激活民众对西迁节的认同和热情，增强西迁节的生机和活力，开发利用西迁节的文化资源（即娱乐文化资源、亲情文化资源、道德文化资源、民俗文化资源等），将其转化为经济效益，对于更好地为文化产业和旅游业发展服务，提升民族文化竞争力有着不可低估的作用和意义。

9.公益性文化方式的表现形态

西迁节以其高度的公共性、有组织性和历史性而特别适用于公益文化活动的开展。西迁节的文化功能和节庆仪式，可以与社会公益性活动紧密整合，实现资源共享。比如结合文化惠民、广场文化活动等，来提升西迁节自身的民族性、共赏性功能，担负起公益性文化的责任，抓住地方特色和民族特点开展群众文化活动，为民众提供自我娱乐、自我教育、自我完善、文化自觉和创造文化艺术的活动空间，并做到小型化、多样化、具体化和实用化，给群众文化活动赋予新内容、新形势、新意境，以满足不同群众的不同文化

西迁节期间的赛马比赛

需要。

10.包容性方式的表现形态

西迁节具有较强的包容性。“草木有情皆长养,乾坤无地不包容。”西迁节中的包容精神和包容思想,在其传统礼式、民间信仰和知识、神话、传说、民间故事、谚语、叙事长诗等当中都有生动描述。“沧海不遗点滴,始能成其大,泰岱不弃拳石,始能成其高。”这种海纳百川、兼收并蓄、多元开放的文化理念贯穿于西迁节的文化内涵之中。如今,西迁节的活动不但有本民族群体参与,而且也为其他民族群众所接受并积极地参与进来。一方面,西迁节继续保留着自己的传统方式,另一方面也不断地接受异质文化的激发和营养,使其表现内容和形式具有了越来越多的现代

图为应邀参加西迁节活动的外国友人和锡伯族群众一起联欢

文化元素。西迁节把外面的好东西拿来，把自己的好东西送去，形成其特色鲜明的包容性节日文化特征。

二、西迁节的基本内容

过去，西迁节举行的相关仪式主要包括四个方面：一是追忆和纪念乾隆二十九年（1764）一部分锡伯官兵与眷属西迁伊犁戍边的历史事件；二是庙会祭祀仪式；三是开展文体娱乐活动；四是包含相关生活习惯和民俗活动。

1.追忆和纪念西迁历史事件

乾隆二十九年（1764）农历四月十八日，4000余名锡伯官兵和眷属奉朝廷之命，在盛京锡伯家庙与留在故土的亲人离别，翌日向西进发，穿越蒙古北路，冒酷暑、顶严寒，越千山、涉万水，风餐露宿，扶老携幼，横穿漠北，几次断粮，险境迭现，行程一万余里，从白山黑水到伊犁河，将三年行期缩短一半，仅用一年零五个月时间就出色地完成了西迁任务。他们在戍边卫国信念的激励下，在祖国和民族的历史上写下光辉的一页。西迁事件，在锡伯族人当中留下永远抹不去的回忆，也成为本民族传统节日西迁节所要追忆和纪念的永恒主题。

西迁节祭祀祖先的仪式

2.庙会祭祀仪式

在清代和民国时期的农历“四一八”纪念活动，大多采取在寺庙里举办庙会的方式，举行祭神、娱乐等活动。主要有：

(1)祖先祭祀仪式：农历“四一八”这一天，锡伯族人起初以牛录或嘎善(相当于乡和村)为单位，不分男女老少，汇聚于本牛录庙院内的树林里(没有建庙的村子，则到郊外的树林中)共进野餐；向祖先祭祀烧香跪拜，怀顾先辈的丰功伟绩和经历的苦难历程。特别是开挖察布查尔大渠，按牛录定居以后，锡伯族人开始以赶庙会的方式举行祖先祭祀仪式。届时，全牛录的男女老少带着各种供品、香烛等聚集在寺庙里。在寺院内起灶，宰杀羊只，煮羊肉汤，祈愿当年风调雨顺，五谷丰登，表达对东北故乡的思念，显示保卫和建设祖国边疆的决心。然后，男女老少三五成群席地而坐，互相敬酒，一起会餐。

(2)替“关帝磨刀”仪式，在举办庙会期间举行。在清代，清政府在八旗军民中大力推行对关羽的崇拜，由此关羽也成为锡伯族人崇拜的偶像。过去，其祭祀活动以庙会形式在农历“四一八”传统节日期间举办意为“替帝公磨刀”的仪式，民间又称之为“磨刀节”。届时将煮熟的猪肉切成块让大家分享。应该说，锡伯族人是通过“念说”《三国演义》而进一步认识了关公，并将关公当作“忠义”的化身加以崇拜的。清代初期，满族人达海用满文翻译的《三国演义》，被清朝统治者视作军事教科书，在八旗官兵中推广。从此，《三国演义》便走进锡伯族的“念说”活动中。民间艺人还根据《三国志》《三国演义》中的关公单刀赴会、过五关斩六将等主要情节改编创作了《三国之歌》《关公过五关曲》等多部民间叙事长诗，使关公形象更加深入人心。锡伯族人不仅把关公的“勇敢”“忠义”作为自己完成戍边屯垦大业的精神武器，而且把关公奉为自己的保护神，每当官兵换防台站、驻守卡伦和奔赴战场，都要到关帝庙进行祭拜，祈求其保佑，祈祷关帝保佑他们取得胜利、安全回家。

（3）娘娘神祭祀仪式：源自于《封神演义》中姜子牙封云霄、琼霄和碧霄三位娘娘为主管天下生育事务的故事。由于锡伯族人口较少，需要增长人口，加上当时所处地域天花麻疹流行，为避免孩童夭折，就在锡伯营每个牛录的关帝庙之侧建有娘娘庙，里面供立这三位娘娘神位，每当天花麻疹流行之时，就由民间巫司尔琪在娘娘庙举行祭祀仪式，祈求娘娘神保佑孩童“出花”安全。还在农历“四一八”传统节日举办庙会期间，宰杀山羊一只，由尔琪带领全牛录的小孩给“娘娘供饭”，祈求安康。

3.文体娱乐活动

过去，在庙会方式的农历“四一八”节日活动期间，举行文艺演出和传统射箭、摔跤比赛等文体娱乐活动。主要有：

（1）在节日到来的那一天，锡伯族人便会跳起本民族的传统舞蹈贝伦舞。贝伦舞大致有锡伯贝伦、多火伦阿合苏尔、多若罗若贝伦、嘎拉沙什喀拉热贝伦（意为拍手舞）、赫赫呼拉热贝伦（意为召媳舞）、乌兰克（亦称仿形舞）、茶伏也布热贝伦（意为烧茶舞）、梭克托火贝伦（意为醉舞）、着若莫林贝伦（意为走马舞）、多木多昆玛克辛（意为蝴蝶舞）、法兰弗库特热贝伦（意为踏地舞）等十余种单舞，还有贝伦舞曲（也叫东布尔曲），用本民族弹奏乐器东布尔进行演奏。东布尔舞曲有《锡伯舞曲》《醉人舞曲》《伊尔克德克》《蝴蝶舞曲》《扎库楚尔登登》《单点阿克苏儿》《双点阿克苏儿》《唤妻曲》《多呼伦阿克苏儿》《锡伯卡伦》等几十种。贝伦舞曲的共同特点是：曲式简短（重复演奏）、方整、曲节奏鲜明，富有动作性，跳贝伦舞成为节日期间最

察布查尔锡伯自治县西迁节期间，年轻人在伊犁河边上进行纪念活动并翩翩起舞

为常见的一种娱乐形式。

（2）进行男女民歌对唱和牛录之间的民歌比赛。用来演唱的田野歌、街头歌等的曲调基本固定，内容可根据不同的对象和现场所见所闻即兴编词，既能抒发演唱者的内在感情，又让听者在欣赏的过程中领略到本民族豪放的性格和丰富的情感世界。

（3）举行汗都春演唱（秧嘎尔牡丹）活动。在庙会上，各牛录的民间艺人们自发地组织起来表演汗都春艺术。这种有曲牌、唱腔和曲调的民族化戏曲成为在庙会期间表演和演唱的主要节目，曾经演出过的曲目有平调曲牌《公彩风》《三伯儿》《四合子》

西迁节活动中的贝伦表演

《五少夫》《柳青娘》《七桩子》等七八种；唱腔有《太州归》《喜新年》《八洞神仙》《赤壁》《玩花灯》《冻冰》《送情人》《照花台》《下山东》《十二里情》《一见多情》《西厢记》(闹元宵》《钉缸》《卖香烟》等三十多种。越调曲牌有《八破儿》《纱帽翅》《满天星》等，唱腔有《开场越调》《收场越调》《五更》《紧诉》《银纽丝》《东调》《亚京》《软西京》《岗调》《剪剪花》《采花调》《琵琶调》《哭长城》等几十种。

(4)举行传统射箭比赛。节日之前，先由牛录内部的各条街道举行比赛，之后选拔出优胜者去参加期间在庙会举行的射箭比赛。比赛时，在寺庙的场地里设立射箭场，在场地末端立多根长木杆，长杆之间拉有绳索、麻布和毛毡，挂上毡牌箭靶，这种箭靶由马皮和毛毡制成蓝、红、紫、黄、绿、黑六色布圈，靶心为红色。为保证比赛安全，比赛用箭为特制响箭，箭头凿有四个孔，箭离弦射出后发出震耳清脆的响声，射中哪一靶圈，该靶圈便会掉落在地上，成绩便一目了然。比赛按照年龄分为老、中、青三个组，在比赛距离上分30步至240步多个等级，在射箭姿势上分跪、立、跑、骑4种，并且都有一定的规则以供遵循。跪射，是在30~50步的距离放置箭靶，箭手在“弓长”的指挥下，单跪先射30步靶三箭，若中三箭，便射50步靶三箭；

立射，是在30~50步的距离放置箭靶，先侧身立射30步靶三箭，若均中的，则接射50步靶三箭，六中者为第一；跑射，在50步远处立靶，“弓长”下令后搭箭慢跑，一般射三箭，均中者为第一；骑射，设跑马沟一条，50步处立靶，“弓长”下令后策马急驰，瞄靶撒放，一般射三箭，均中者为第一。在骑射比赛中能双手开弓者，特别受人们的推崇。

比赛决出胜负后，输方群众敲锣打鼓，吹“飞察克”，弹奏东布尔，妇女吹奏音色优美的墨克纳，表示对优胜者的祝贺及对于所有参赛选手的鼓励，锡伯营总管档房将代表胜利的一匹大红绸子奖给赢方。最后设宴招待所有参加者，同饮共庆，然后给前三名颁奖。奖品虽除了所规定的弓箭、皮靴、毛毡等物品外，还有所在牛录自发捐献的奖品。待到全部日程结束后，东道主还要热情地将客方送出牛录，以示尊敬，并希望今后继续切磋技艺，提高箭技，达到共同提高的目的。每逢射箭比赛，附近各族群众纷纷赶来观看，有的甚至从百里外赶来，箭场里老少箭手各显神通、斗志昂扬，响箭啸声震耳，箭场外观众精神振奋，热闹非凡，喝彩之声数里可闻。

(5)举行传统摔跤比赛。比赛时，双方各自在上衣系上较宽松的布腰带，双方各自用双手抓好对方身体两侧的腰带，听裁判口令后开始比赛。比赛中，双方跤可用杠、钩、绊脚等动作将对方摔倒，但均不允许以头顶头，不允许离开腰带去抓对方的后腰。凡将对方摔手摔得肩胛骨着地，或侧身着地者为胜。比赛采取三局两胜制，现场设一名裁判制止违规、决定胜负。这种摔跤无年龄、体重等级之分，通常会双方自愿选择配对。过去，传统摔跤往往是西迁节活动中的一个重要竞技项目。

4.祈年树祭祀仪式

在“四一八”传统节日期间，锡伯族人还根据需要，举行祈年树祭祀仪式。这是一种自然崇拜的遗俗，锡伯族人视年代久远、叶茂干壮的大树为神树，认为古树有灵，对其尤为崇拜，谁要是砍

摔跤表演也是西迁节活动中的一项重要内容

祈年树

伐了神树，就会遭到惩罚，因而举行神树祭祀仪式。过去，在察布查尔锡伯自治县爱新舍里镇北边有一颗硕大无比的榆树，锡伯族人称它“文车热哈林”，汉语称“祈年树”，它的树干围约9米，独立于田野之中，苍劲挺拔，枝叶繁茂，郁郁葱葱。200多年前，锡伯族人西迁来伊犁时，这棵树仅有碗口粗。锡伯族谚语说：“独木不能砍。”人们以为神灵庇佑，对这棵树特意加以保护，禁止小孩上树伐枝。每年西迁节，锡伯营牛录佐领邀集资深望重的老人和农民在树下聚会，举办祭祀仪式，祈望丰收。其祭祀方法亦颇有趣，众人面朝古树跪地，领头人往活羊身上从头至尾洒酒数遍，直至活羊颤动，才认为树神已接受供品，折射出锡伯族崇拜大自然的遗俗。

5.制作面酱

过去，锡伯族妇女专门选择农历四月十八这一本民族传统节日到来的日子，到水磨去磨一种发酵后晒干的面曲子，回来后当天在大缸上搅拌，制作成面酱，以备日后食用。节日当天，所有锡伯族人都要把自家的前后院和过往街道打扫干净，以保持清洁。

6.眺望怀念

东北地区的锡伯族人，除了在太平寺里举行

在清代锡伯族官兵守卫过的纳达木卡伦遗址举行的公祭仪式

节日活动外，凡有亲属前往伊犁戍边的家庭，都要打开东室的窗户，向西眺望，陷入一种深沉的思念之中，据说当时东北地区锡伯族东边居室都专门开有一扇窗户，为想念西迁的亲人时使用。

7.修立家谱和续谱仪式

编修家谱是锡伯族哈拉（姓氏）、莫昆（家族）、乌克孙（宗族）乃至家庭社会活动中的一项重要内容。锡伯族人有“国不能无史，家不能无谱”的修谱传统。家谱也可以说是一路向西延伸的宗亲纽带，同样记录着当年4000余名锡伯官兵和眷属的历史烟云，是西迁后的家族承先启后的历史记载，也是寻根留本、清缘备查以及与东北

家谱祭祀礼仪

故地亲人认亲认祖的重要依据，具有其传承本民族历史、见证文化交融历史等社会功能，对于鼓励锡伯族人热爱生活、为族人争光以及对后辈的成长都有积极意义。过去，锡伯族人往往选择农历“四一八”本民族传统节日这一天，召集本哈拉莫昆的成员，举办隆重的宴会，举行填写本家族新成员的续谱仪式。

三、基本特征和主要价值

1.基本特征

西迁节基于锡伯族古老文化传统，在现当代以讴歌和阐发西迁历史为主要表现对象，在新疆这块神奇的土地上，在近代戍边屯垦以及现当代生活中，经过二百多年的传承和发展，成为锡伯族人精神财富和物质财富的总合体现，形成如下基本特征：

(1)西迁节凝结着锡伯族人民爱国主义的民族情感，承载着锡伯族的文化血脉和思想精华，在传承本民族优秀文化传统、推动社会主义先进文化的发展繁荣中发挥着其他文化形式所不能替代的作用，成为在锡伯族地区建设先进文化的宝贵资源；成为运用节日方式，促进本民族自治地方发展特色旅游产业，招商引资，发展经济和文化、教育事业，推动团结互助、融合相处的人际关系和平等友爱、温馨和谐的社会环境，激发社会活力，调动民间力量、空间和网络，也成为了进一步增进中华民族凝聚力和认同感的一种表现形式。

（2）西迁节扎根于锡伯族的文化传统，早期以满语满文、后期以锡伯语和锡伯文为载体，生长和发展了包括渔猎文化、萨满文化、歌舞、音乐、工艺、美术、戏曲、故事、歌谣、神话、传说、念说、服饰、饮食、文体娱乐、竞技、习俗等众多内容的非物质文化，反映出各个时期本民族地区政治、经济、生产、生活、民俗和宗教方面的真实面貌。这一切都借助于西迁节这一特殊表现形式，得以保存、展现、传播和传承，使节日具有了多角度、全方位的文化内涵，营造出全民族成员都尊重和积极参与这一节日的深厚氛围。

（3）如今的西迁节，已经成为最具广泛性和代表性的节庆活动，不但全国各地所有的锡伯族成员积极参与，而且其他民族的成员也参与进来。节日活动成为各民族相互离不开、增进友谊和了解、团结和睦、共同进步、高唱民族团结之歌、共建和谐社会的沟通交流平台。同时，通过节日交流方式，将学习和吸纳其他民族的优秀文化与本民族的习俗文化有机结合起来，使节日文化积极融入现代社会文明。

(4)西迁精神是西迁节活动着力要表达的核心内容。它可以概括为:一是锡伯族先民在西迁实践中产生的一种群体精神,是锡伯族民族精神的集中表现;二是爱国奉献精神,当年锡伯族军民背井离乡、万里迢迢,为保卫祖国边疆,义无反顾,勇往直前,这种爱国奉献精神始终是西迁节所要表现的主题;三是自我牺牲精神,当年的锡伯族官兵作为军人,以服从命令为天职,不顾个人安危,守卫边防,在战场上杀敌立功,做出重大牺牲;四是团结向上精神,当年的锡伯族军民初到伊犁,人地两生,他们依靠兵民团结、同兄弟民族友好相处,克服了一个又一个困难;五是开拓进取精神,当年锡伯族军民在危困面前励精图治,挖渠拓荒,取得了生存发展的条件;六是自强不息的精神,锡伯族人民在社会发展的各个时期,都保持了本民族的基本特征,并且代代相传,沿袭至今;七是与时代同步前进的精神。现今的锡伯族人已经融入当代社会文化之中,并将西迁文化也带入其中,实现了本民族古老文化传统与现代社会大文化的有机结合。

(5)现代意义上的西迁节,其内容与形式已经有了许多改变,在活动仪式上被注入较多的现代文化层面上的含义,使传统方式和现代方式有机结合，得到了创新和发展，而上述西迁精神依然是今日的西迁节所要颂扬的主题。

2.主要价值

（1）西迁节作为锡伯族重要的传统节日，始终传承着锡伯族热爱祖国的优秀传统，成为维系国家统一、民族团结和社会和谐的重要精神纽带。对其进行保存、保护、传承、创新和发展，对于构建社会主义和谐社会，满足锡伯族群众日益增长的精神文化需求，充分运用传统节日，继承和发扬西迁精神，大力弘扬锡伯族文化的优秀传

万人展演贝伦舞

统，进而促进中华民族文化认同、增强凝聚力、增进民族团结和社会稳定，维护国家文化利益和文化安全，具有重要价值。

(2)西迁节所承载和着力表现的非物质文化遗产，是锡伯族悠久文化遗产中的杰出代表，也是中华民族文化瑰宝的一个组成部分。它扎根于锡伯族人民群众当中，承袭着锡伯族的文化传统，代代相传，具有其鲜明的地域文化特色和民族特色。一方面它显示出锡伯族的文化创造力，另一方面还为我国和世界满—通古斯语族的语言文化究提供着许多极有价值的活资料，在该学科的保护与研究中具有重要价值。

(3)通过对西迁节文化的保存、保护、传承、创新和发展，运用其高超的传统工艺、艺术、技能和水平，对搭建锡伯族自治地方的经济、科技、文化、教育、旅游等事业的发展平台，特别是对发展特色文化产业具有重要价值。

(4)对于利用西迁节所具有的广泛性、代表性这一显著特点，突出其文化内涵，增强其张力，积极营造全民族成员热爱和尊重本民族的传统节日，参与传统节日的浓厚氛围，扩大其传承和传播范围，有效地开展对西迁节的研究和保护工作，促进节日仪式的文化创新具有重要价值。

参考文献

[1]佟加·庆夫著.国家级非物质文化遗产代表作锡伯族西迁节申报书,2005.

[2]佟加.庆夫,文健著.锡伯族非物质文化遗产代表作.乌鲁木齐:新疆人民出版社,2010.

[3]新疆维吾尔自治区文化厅编.新疆非物质文化遗产代表作.乌鲁木齐:新疆人民出版社,2006.

[4]贺灵,佟克力编.锡伯族古籍资料辑注.乌鲁木齐:新疆人民出版社,2004.

[5]嵇南,吴克尧著.锡伯族.北京:民族出版社,2005.

[6]楼望皓著.新疆民俗.乌鲁木齐:新疆人民出版社,1996.

西迁节物质载体和文化场所

概述：本章对西迁节的物质文化载体如西迁路上使用过的交通工具、戍边屯垦生活中使用过的军事武器、生产工具、生活用具及传统工艺美术和文化场所等做了较详细的描述和介绍。

一、西迁路上使用过的交通工具

发生在乾隆二十九年(1764)的锡伯族西迁,4000余名锡伯官兵和眷属走的是蒙古北路。他们大致的行进路线是:盛京(今沈阳)—彰武台边门—通辽—开鲁—阿鲁克沁—西乌珠穆沁—东乌珠穆沁—右翼后旗—中前旗—车臣汗旗—乌兰巴托—乌里雅苏台—科布多—阿尔泰—布尔津—和布克赛尔—察汗鄂博—额敏—博尔塔拉—巴尔鲁克—果子沟—乌哈里克城(今霍城县芦草沟乡)—绥定城(今霍城县)—惠远城(今霍城县惠远镇)—巴特蒙巴克(今察布查尔锡伯自治

牛拉勒勒车是西迁路上的主要交通工具

县)等,行程共两万余里。

当时的蒙古北路情况是:清代外蒙古地区,南临蒙古戈壁大沙漠,西靠阿尔泰山脉。由外蒙古地区向北到贝加尔湖周围有古老而风景优美的色楞格河孔道,向东到呼伦贝尔草原几乎到处都是畅通无阻。但是,由外蒙古向南到内蒙古地区却有戈壁大沙漠的天然障碍,向西到新疆地区又必须越过阿尔泰山脉。在戈壁地带,缺水缺草,流沙挡路,并不是任何地带都可以通行的。在阿尔泰山区,悬崖密林,大雪封道,只有少数地点才可以通过。在科学技术不发达的那个时代,如果没有丰富经验,事先不做必要的物资准备,那么,穿戈壁或越阿尔泰山都有迷失方向的危险,其结果不是水草断绝就是走入歧途陷入绝境。而在当时,在内外蒙古交界的戈壁地带从东到西主要有三条地带比较容易通过:东部由科图至察罕库腾、中部由济斯黄郭尔至赛尔乌苏、西部由沁诺图山(又叫二狼山)至郭多里。在阿尔泰山区,以科布多城作为起点,由北向南主要有布鲁尔、奇兰、布拉罕、沙孜盖、阿济等五条孔道。

西迁锡伯族官兵和眷属从盛京出发,沿外蒙前往新疆,西迁部队一路风餐露宿,在农历的八月,部队进入了蒙古高原,在这里遇上了暴风雪,因为部队经历了四个多月的长途跋涉，已经是人困马乏，大量的人员和牲畜被严重冻伤，瘟疫也在队伍中流行，致使大部分牲畜病死。从沈阳出发时随队牲畜有三千多头（只），在乌里雅苏台只剩下四百多头（只），由于过早地进入寒冷的冬季，沿途没有足够的供牲畜食用的草料，西迁部队无法继续前行，部队失去了赖以生存的牲畜，牛车被放弃，物资无法转运，西迁的交通运输中断。在危难之时，蒙古将军成衮扎布热情地帮助了西迁部队，锡伯军民在乌里雅苏台休整了七个月。第二年春天，蒙古将军成衮扎布又给西迁部队借了500马匹、500峰骆驼，部队继续西行。当部队来到阿尔泰山时，适逢春天积雪融化，山洪泛滥，部队被困，后来又改道来到额尔齐斯河，锡伯官兵克服重重困难，伐树架设浮桥，抢渡河口（后称锡伯渡），部队一步一步地向西前进。因被围困两个月之多，军民口粮断绝，只能靠挖野菜、吃树皮来充饥，由于过度劳累和缺乏营养，许多孕妇也早产。西迁部队终于在接应部队的帮助下，经历了千难万险到达了大西迁的目的地——伊犁。

西迁锡伯族官兵和眷属行走在如此崎岖的蒙古北路，不但要携带家眷，而且还要带粮草前行，由于当时没有先进的交通工具，所以他们的

骆驼是西迁路上的辅助交通工具

行进就是依靠骑马、骑骆驼和坐牛车，马队和骆驼队也是当时的主要交通工具，马队和骆驼队除了载人和驮物以外，一部分还要承担着探路、抢险、护卫、狩猎、留守等多种功能。这里主要介绍牛车的作用。

当时的牛车共有两大结构组合，即车身和车轮，车轮和车轴为一体，牛车走时车轮和车轴一起转动，因为车身笨重的原因，载物也是很有限的，尽管这样，作为主要交通工具的牛车承载着西迁锡伯官兵的全部家当，以及老弱病残和在西迁路上新出生的婴儿，咯吱咯吱的车轮声，奏出了西迁路上的千古绝唱。关于牛车的作用。在长篇叙事长诗《西迁之歌》中这样写道：

赶车的吆喝声有气无力/跟车的人迈着蹒跚的步履/催促的鞭子/抽得皮开肉绽/一路青草涂

染了斑斑血迹！

巍峨的乌道直插云天/失修的古栈道无比艰险/当滑倒的牛车掉进深沟/再也听不到亲人的呼唤。

在长篇叙事长诗《离乡曲》中也这样写道：

东望家乡泪不干/哪堪夏热与冬寒/历经千山与万水/一到乌城更心酸/牛也疲乏车也残/人都饥饿病难安/无法暂在乌城住/春融不敢再盘桓/恓恓惶惶过一冬/同把行装密密缝/准备三春积雪化/想起关东泪满胸/山路崎岖车乱颠/赶车人儿好熬煎/妇女号啕牛不走/铁石人闻也见怜/奔奔忙忙何日休/可恨拉车都是牛/过了赛里淖尔地/又把烂车到处留/一日行到果子沟/两边树木水中流！

锡伯族先民鲜卑族建立的北魏时期，北方少数民族就制造过一种"车轮高大、辐数至多"的木轮车。锡伯族制造和使用木轮车的历史当相久远，早在清康熙年间在东北辽沈地区居住、从事农耕时期就开始制造木轮车。当时锡伯族由狩猎经济转向农业经济，锡伯族群众的生活方式发生了极大的变化，木轮车成为他们不可缺少的主要交通工具之一。因此木轮车成为西行路上使用的主要交通工具，承载完成此次伟大的西迁任务。

在锡伯族西迁以后的两个多世纪里，木轮车成为锡伯族生产、生活中使用的主要交通工具，经过不断加工制造的生产实践，使之更加结构合理，美观大方，用途更加广泛。

二、西迁文化承载的工（用）具

1.军事武器

锡伯官兵和眷属从盛京出发时，配备给领催以上的官员人手两副弓箭，兵丁人手一副弓箭，随骑和备用战马2020余匹，并带来了1082余张弓和23770余支战箭。到达伊犁后被安置在伊犁河以南乌孙山以北杂草丛生、荒无人烟的准噶尔蒙古的废墟，按八旗村屯修筑八个城堡，组建了八旗兵营制的锡伯营。拉开了旗人“出则为兵，归则为民”的戍边屯垦序幕。

左上：前囊

左中、左下：扳指

右图：弓与撒袋

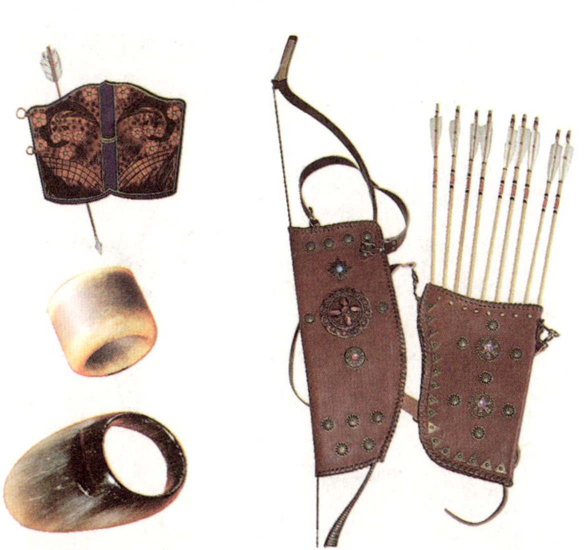

锡伯官兵驻守18所卡伦(边防哨所),由于弓箭在清朝军事和国防中的重要地位,清朝政府多次为新疆的边防驻军补充了弓箭兵器,仅在乾隆三十四年就一次性从西安赶制战箭329200余支补充伊犁驻军,其中大部分装备于锡伯八旗营中。打仗用的战马产自于伊犁地区(称乌孙马或天马),锡伯营官兵的主要配备军事武器有弓箭、战马、盾牌、撒袋、腰刀、长矛和火枪等,驻守伊犁边防以后,乌孙马(天马)也成了锡伯官兵行军打仗的重要军事工具。

以上,诸多军事武器中,弓箭被誉为“十八般兵器之首”,成为锡伯族官兵守卫祖国西部边防、维护社会治安的首选军事武器。

2.生产工具(以农、渔、狩猎等工具为主)

在清代,锡伯族军民在守卫好祖国西大门的

左图:麦场生产用具

右上:犁铧

右下:锡伯族织渔网的工具

西迁时乘坐的连轴转木轮车(仿制品)

同时,以勤劳的双手,在察布查尔地区、伊宁市、霍城县、巩留县、特克斯县、博尔塔拉蒙古自治州、塔城市等地凿挖十几条大渠,开荒万顷良田,绿化荒原,植树造林,向其他民族传授先进的农耕技术,为发展北疆地区的农业经济做出了重大贡献。锡伯军民在修建“察布查尔布哈”(大渠)的工程中,在图伯特的率领下,因地制宜、统筹安排、齐心合力、自力更生,克服种种困难,经过七年奋战,共挖土石200多万方。当时的挖渠工程主要靠人力来完成,使用的劳动工具是铁锹(方头),镢头、石臼、榔头、木夯、铁钎、编框、扁担、抬杠和绳类等。当时开荒造田的主要生产工具是牛拉或者马拉木犁,木犁是用比较结实的榆树制作,犁头是用生铁造成,这种生产工具一直沿用到民国时期，后来虽然引进了苏俄的铁制马拉双铧犁，但传统的木犁仍然使用，直到20世纪60年代才被淘汰。在农业生产中利用的农具类主要有锄头、铁铲、铁锹（方头）、铁耙，收割季节时使用的有镰刀和大掮镰，拉运农作物和牧草时用的是木轮式牛马车，为了捆绑方便还发明了简易的打草绳和麻绳的工具，脱粒庄稼时的农具主要用的是牛和马拉的石滚、石碾等，打场时用的主要农具有木锨、扫把、风车、木杈、木耙、簸笈、筛子、木推和木斗等，装粮食用的主要工具是用经过处理过的芨芨草、稻草编织的草袋或者棉麻编织的麻袋、口袋等，碾米需要用的石盘磨、石碾子等，后来又在生产实践中发明了水磨坊的先进技术，使生产力得到进一步解放。

锡伯族军民在戍边屯垦的生存环境中，积极筑造城池和卡伦，并按八个牛录打造城墙，修建家园，庙宇，办事公所、学校、粮库、军械库、马圈、校场、办铁匠铺、木匠铺、炸油坊等。在以上这些基础建设中，常用的生产工具有木匠用的锯子、斧头、锛、墨斗和量尺，泥瓦匠主要用的有瓦刀、泥抹子和标杆，铁匠常用的有大小铁锤、风箱、铁枕子。锡伯族劳动人民还制作各种马鞍和不同的皮革生产工具。

渔网

狩猎和打鱼也是锡伯族军民的一个生活来源。狩猎的主要工具要有马匹、弓箭、投枪、刀具、猎犬、猎鹰、铁夹、大头棒、套子和设陷阱等。打鱼的主要工具有小木船和各种捕鱼的工具，例如拉网、刮网、撒网、渔叉和鱼篓等。

3.生活用具

锡伯族戍边屯垦后所建造的住房仍然还保留着东北的风格，居民住房一般为三间，也有多至五间者。为了居住方便和抵御冬天的寒冷，他们习惯于睡安巴纳罕（即大炕）。每当一户人家盖完一幢新房子，打炕也是他们所操心和最关键的事宜。锡伯族火炕修建具有很浓厚的民族特色，火炕高60~70厘米，由五个烟道组成，火炕（三面环炕）的烟道互相贯通。火炕上铺有苇席

纺织麻线的工具

和毡子。因为火炕和每日的生活息息相关,火炕通常是对着窗户而建,窗户内设有传统的吊窗。火炕建造的一般比较大,它由三面环绕的南炕、西炕和北炕组成。炕上又放有特制的长方形木具,锡伯语称"吉伯浑塔图库"(即被柜或炕柜),高一尺左右,有数个抽屉,抽屉里放鞋袜,炕上摆放的有叠被柜、叠被架或者高低不同的炕柜和卧柜,还有小炕桌。为了活计方便,炕上还放有一个多用的木匣,室内的传统家具有八仙桌、木椅、凳子、橱柜、大木柜、木床等,八仙桌前挂先辈的画像,桌上放有香炉、茶具等,橱柜或者立柜上放一些生活用品,如:镜子、陶瓷品和精美的小装饰盒等。在锡伯族的家庭中传统的吊床也是必备的生活用品。

新疆冬季漫长,因为当时还没有铁炉,因此冬季取暖很困难,房内温度很低,经常四壁结霜。条件好的买铜铸火盆取暖,条件不好的则仿照火盆,用黏土、牛粪、蒲帮(王)草、马尾等做土火盆,上面盛无烟榆木炭取暖。

锡伯族传统的生活用品还有饮食器具、酒具、茶具、烟袋、灯具、外出的背壶等。之外还有草织扎制如草席、笤帚、鱼篓及各种生活用具;皮具制作如皮衣、皮袄、皮鞋、皮鞭、皮条;金属工艺如金银铜饰品、生铁钟等:

以上,都是锡伯族西迁和西迁以后的重要物质载体。

2010年9月11日原中共中央政治局常委李长春视察锡伯风情园

三、西迁文化承载的传统工艺美术

在锡伯族的西迁文化中，创造并传承了内容和数量众多的民间工艺美术品，在西迁节期间得到集中展示。分述如下：

1.传统绘画

主要有布绢画、壁画、油画和现代农民画等种类。

（1）布绢画：主要有萨满神像画、家谱书画、神龛佛祖图等。民间现有数种萨满神像画，都是百多年以前绘制的布绢水彩画。这种画以黄布绢为底色，长约1米，宽约60～70厘米，布绢里的

西迁史画之二

图画分若干层次，画面正中矗立着刀梯，中间竹节形状的主杆分左右鸟翼展翅般伸出20余层刀梯，每层刀梯上成坐着萨满教的历代列祖列宗，面朝正方。整个画面显得古色古香，并且线条清楚、色彩搭配得当，人、景、物刻画惟妙惟肖，富有立体感，把整个萨满教仪式高度浓缩，恰如其分地安置在一幅画面之中，从而多层次、多色彩地表达出萨满教涅槃的内在涵义。

家谱书画是将文字和绘画合为一体的水彩画。锡伯族人的家谱，是记录某一哈拉莫昆（同姓氏族）男性人口繁衍的按辈序名次谱写的记载，其意义是“谱之立所以重远也，前不知所始，后不知所终”，“故谱者也，对于前以为追述之基，垂于后，认为世守之本”。

神龛佛祖画，是过年过节用来供奉祖先的图画，平时收藏，每逢重大节日取出来挂在西屋西壁中央，下放供桌，烧香供奉各种祭品。这种画也以黄布绢做料，布包周边，下端有轴，便于卷裹，高约一尺，宽约半尺。画面里坐着一对老翁老妪，穿着华丽，满脸福相，笑容满面正视前方。老人膝盖交接处坐一白白胖胖的男孩，在搂抱中撒欢，形态逼真，栩栩如生的脸部表情把人物的心理活动淋漓尽致地表现了出来。

（2）壁画：寺庙建筑及其凡可以绘画的空白之处，都在粉白的墙壁上绘有形式多样的水彩壁画。靖远寺和纳达齐牛录关帝庙及娘娘庙里的壁画最为丰富多彩。分为单幅画和组画两种，单像画是画单独的景物，组画则是连贯性的画面，构成完整的故事情节。从描绘对象和内容上也可分为两类。一类是描绘自然界的花草树木、景色、鸟类和动物，这类图画大多都是单幅画，置于特定的场景和自然景色之中，极力表达各自的动态特点，并具有象征意义。另一类是大量描绘人和故事为主的组画，人和故事大都取材于《三国演义》《西游记》《水浒》《封神演义》以及其他汉族文化中的传说故事，每组画都有完整的故事情节，互相连缀，并随着故事情节而展开。凡是锡伯族人民百听不厌的汉族章回体演义小说里的许多故事都

民间绘画

成为壁画里所要表现和描绘的对象。由此可以看出优秀的汉文化对锡伯族文化的深层渗透，也说明锡伯族的文化开放意识并非始自今朝今日，而是有着相当长的历史。

壁画是锡伯族审美意识追求的真实写照。总体而言，萨满教艺术神秘气息近年来逐渐淡化，而现实主义气息日渐浓郁，但宗教因素作为某种底色，与写实性的手法和风格相结合，又使得它独具特色。

（3）油画：察布查尔锡伯自治县爱新舍里镇依拉牛录村退休老师何耶尔·兴谦画的西迁组画是锡伯族民间油画的代表作，共由四十余幅油画组成，真实地展现出二百多年前锡伯族军民从东北辽沈地区西迁至新疆伊犁地区戍边屯垦的历

农民画之一

史事件，反映出西迁征途上越千山涉万水，勇往直前，西迁之后在伊犁河谷垦荒种植，把第二故乡建设成为美丽富饶的粮仓的场面，是题材本身和艺术观赏性方面都很有价值的艺术品。

（4）木板年画：木板雕刻的门神画像，涂以色彩，过春节时锡伯族人民争相购买，作为年画张贴。

（5）农民画：系水彩画，作者为农民，主要反映农牧民日常的生产生活状况。20世纪70年代，察布查尔锡伯自治县曾经是新疆农民画的丰产地区，但后来中断近三十年。目前，该县文化馆经过三年多时间的努力，已恢复农民画的创作，现已组织农民画家创作完成一百多幅农民画，内容除反映农牧民的现代生活状况外，还延

西迁节农民画展

农民画之二

伸至锡伯族的西迁历史。

2.书法艺术

锡伯文是竖直书写的一种拼音文字，行款自左至右，有帽、齿、圈、点、撇、勾、尾等25种区别字义的笔画形式，按照书写规则点缀在一条竖线上，构成了锡伯文独特的书法艺术。

锡伯文的书法艺术形成于清代，后来模仿汉字篆字的书写特点进行创新，创造了锡伯文篆字书法艺术，形成三十余种形体，有上方大篆、小篆、玉篆、垂露篆、龙爪篆等书写方式，多用于书写和镌刻一些诗、词、赋等，但主要用于镌刻宝玺和官印。后来又出现了见诸于文化古迹上的匾、牌、额题字，在篆字的基础上开始形成草体、楷体书法艺术。在西迁文化发展史上，译介进来的汉族文化精品，促进了锡伯文书法艺术的发展。由于当时没有出版条件，每部译著只能用毛笔抄写，而抄写者众多，又各显其长，从而形成了小楷草体书法艺术的百花齐放、异彩纷呈的局面，因而每部译著都成为小楷草体书法艺术的精品。

锡伯文的传统书法，无论是何种字体，字尾形式变化丰富，有双折尾、镰刀尾、大镰尾和小镰尾等形体，从而使整个字体神形兼备，潇洒飘逸。

近年来，锡伯文书法艺术家们在传统书法艺术的基础上，进一步融进汉文书法艺术的特点，创作了一批字腰曲线、字尾曲折多变、字形犹如一幅山水画的艺术作品，为锡伯族书法艺术又增添了新的艺术表现形式。这些书法艺术作品多

何文清锡伯文硬笔书法

左图：满文“虎字”书法

右图：锡伯文书法(十二生肖)

次被选参加国家和地区书法展，有的作品还流传到国外。锡伯文书法艺术是举行西迁节活动期间必须要展出的艺术精品。

3.雕刻艺术

传统雕刻工艺有泥塑、石塑、石雕、木刻(雕)、砖雕、铁雕等。主要有：

(1)泥塑：靖远寺(包括其他寺庙)里的泥塑有大小不一的各种佛像、神位等，如来佛、观音、十八罗汉、八大金刚等雕塑，或起或立，形象逼真，配有彩绘，光彩夺目。魔家四将彩塑，持龙、伞、琵琶、花虎豹，狰狞可怖，把他们敢于蔑视诸家神仙的神态刻画得淋漓尽致。关羽塑像形态迥异，有的赤面美髯，锦衣金甲，有的左手捋美髯，右手持书攻读，有的正襟危坐，威风凛凛。有擎大刀之周仓，左有掌印之关平，三位仪态威武而儒雅，体现了锡伯人崇文尚武的审美意识。在娘娘庙里塑立的三位娘娘温柔中不乏刚毅，形象逼真。娘娘神崇拜对当年人口较少而又需要竭力发展人口的锡伯人来说有其紧迫的现实意义，因此通过泥塑工艺将她们形象地刻画了出来。

(2)石雕：主要是雕塑和壁画，石雕见诸于庙宇建筑，砖雕则用于住房建筑。石雕的成品有石狮、鹿、鹤等兽鸟，及香炉和其他佛事用具。石雕壁画见于各庙宇的装饰，石壁上形成连缀图案，雕琢奇花异木、奇兽异鸟以及各种自然景色，形式多样。

(3)砖雕：各庙宇的琉璃瓦顶，砌筑技术堪称上乘，砖雕艺术更见辉煌，各种图案配漆描金彩绘，更是大放异彩。锡伯人的住房，大多是砖土木结构，窗台以下垒(包)砖，屋檐砖封，在这些砖砌部位，都可见到形象的砖雕工艺。

(4)木雕：见诸于寺庙房屋建筑，门牌匾额、家具、武器、生产工具和生活用具之中。例如靖远寺的双层阁楼木件，全用大小不一、形状各异的木雕制成，飞檐斗拱，龙行凤飞，不但雕制玲珑，而且极为壮观。锡伯族人在住房的门框、窗、屏风、箱柜上，一般都刻有各种禽兽、花卉图案，常雕绘的有寓意为吉祥、自由、纯洁、美丽的仙鹤、鹿、龙、凤、孔雀、鸳鸯、蝴蝶及荷花、莲花、牡丹等，形象逼真，栩栩如生。

左图：察布查尔锡伯自治县纳达齐牛录关帝庙装饰浮雕

右上：建筑材料（木雕）

右下：察布查尔锡伯自治县依拉齐牛录关帝庙局部

（5）铁雕：主要有门牌匾额周边的铁雕花，生铁大钟上面铸刻的各种花纹和锡汉书法文字，弓箭、刀剑上面的各种纹样和文字标记，镰刀、锄头、马鞍器具上面的雕刻。鞍具雕制极为讲究，将铁雕和木雕融为一体。

4.萨满服饰和道具

是指萨满跳神时用的神帽、神衣、神裙、神鼓、神矛、托里、哈准以及神像图等。这些服饰和道具与萨满观念融为一体，是锡伯族工艺美术的一个种类。主要有：

（1）神裙：亦称萨满衬裙，锡伯族萨满神服之一，样式大致同现代超短裙，但两头未接缝，以便视身体的粗细而系，它是由内、中、外三部分组成。内层为粗白布制作缝成围裙，长约0.87米，宽约1.13米。上面无任何纹饰。在两头上角处各缝天蓝色宽带，以便将裙系于腰部。中层是近百根长0.91米，指头粗细的绳带组成，并在每根外表包一层布，再缝于6厘米宽的腰带上而成。绳外的包布共分5节，由白、黄、蓝三种色布包裹。外层系用20条长约0.9米，宽约7厘米的各色布料制成飘带缝于约6厘米宽的腰带上组成，在每个飘带上均绣有各种花草图案，每个彩带下方有红色、蓝色三个吊穗。中层裙用五颜六色的

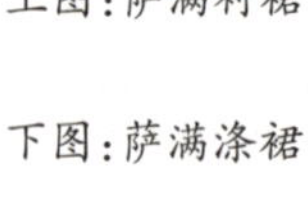

上图：萨满衬裙

下图：萨满涤裙

麻线捻成。外层飘带裙的每条飘带都用各色布条穿织成一条。萨满神裙飘带的图案大致绣有花卉、蝴蝶、麦子、玉米、水果;也有日常生活用具,骑射用的箭、弓、矛,自然界的日月星辰、山川林木、凶猛动物等。从神裙的刺绣图案来看,图案造型简洁明快、内容丰富,形象生动,彩色对比强烈,刺绣精美细致,基本上体现了萨满教的中心内容。据民间传说,绣制萨满的法裙时百家捻线,百家刺绣缝制,集百家技艺于一体才能缝织成功。寓意萨满穿上这种神裙跳神,就能顺利战胜并驱逐病魔,给人们带来健康和安宁。

(2)神衣:黄色短衣,白色汗衫,对襟、圆立领,钉黑色布纽扣,领子边缘和对襟处用天蓝色布装饰花边,衣领、衣袖处蓝色布装饰纹饰图案,用黑色布滚边装饰,做工精制,图案简洁,色彩对比强烈,内里神衣主色为黄色或红色。

(3)神帽:锡伯语称"萨满玛哈拉"或"萨叉马哈拉"。形状如古代武士头盔。由帽圈、帽边、帽顶、铜镜、帽穗、帽里子组成。神帽用2.5厘米宽的铁片圈成,再以两条同样宽度,约33厘米长的铁片从中点处架作圆状十字形,从中间十字点向下卷成半圆形,四头用铁片固定于帽圈之上,四个支点距离基本相等。帽顶由三块铜片交叉,从中间点固定于帽边顶上，然后铜片六边往上卷成半圆形，呈莲花状，称“伊尔哈”（意为花）。伊尔哈边上系四个小铜铃。跳神时铜铃发出清脆的叮当声，以增强跳神的声势。神帽前有一个小铜镜。据称，它的作用是照病魔，任何病魔逃不出其照射，且旁观者均能见到。神帽背部系“索尔孙”（即帽穗），帽穗有的为五根，有的有十根，各由7~8节各色的图案组成，有的由红、蓝、黄、绿等色组成。其中四根上绣有弓箭，各种花草图案，造型别致，色彩搭配艳丽，内容丰富对比强烈，刺绣技艺精致。帽里子，类似于回族的白色小帽，套在神帽里面，有保护头部不被铁片磨破的作用。神帽是防御性装置，萨满在同病魔搏斗中起保护头部作用。

（4）托里：意为镜子，锡伯族萨满跳器具之一种。锡伯语称“念门托里”（即护心镜），还有“哈准”（即腰铃），即铜镜，均黄铜铸制。直径最大27厘米，最小的8厘米。护心镜镜面光滑照人，背部有一铜纽，纽上有孔，供穿绳用，多串红布条。其作用有二：一是和病魔进行搏斗中，起护心作用；二是在和病魔作斗争时，据说病魔被照使其很快逃离病人身上，从而解除病痛。护心镜造型为圆形，大如小碟，状如铜币，厚约1厘米，直径约10

萨满托里

厘米，均刻有图案，中心有系绳孔，一对成双。萨满跳神时用绳子串上挂于脖子上，配挂胸前，随着舞蹈动作互相碰撞，声音悦耳动听。哈准一般佩在腰间，圆形，造型像手鼓。腰铃大小不一，大的直径有30余厘米，小的约10厘米，用皮带缠腰间。跳神时用八九个或十几个哈准配套，在腰间绕成一圈，随着舞蹈动作互相激烈碰撞，发出震人魂魄的声响，产生一种威慑力量。佩于腰部的铜镜的用意大致与原始铠甲相类似，当是一种防御性的饰物。托里不可随便索得，萨满认为，它同生命一样，会飞去或自己炸碎，只有萨满徒弟通过各种考核之后，才由师傅举行特定仪式授予他。萨满若失去托里，其神法便不灵，所唤诸神不会附其身上，在萨满教活动中，萨满必须佩戴它，否则无资格跳神。

（5）神鞭：萨满跳神器具之一。用牛皮编制，鞭杆选质地较硬的红柳木制作，并包以剪成图案的羊皮或牛皮。神鞭是萨满的进攻性武器，在和病魔斗争时，起震慑作用，萨满认为，一切妖魔鬼怪均怕皮鞭，故民间有“邪恶惧鞭”的谚语。

（6）神矛：萨满跳神器具之一。由铁制矛头和木柄构成。矛身长1米余。矛头有的如舌头形、有的近菱形。造型和一般的狩猎用铁矛差不多、只是神矛的矛柄稍短。矛头与柄部结合处拴有数条各色飘带（称索尔孙），多为红、黄两色，并系有三四个小铜铃。木柄下部雕有图案纹样。它是萨满与病魔搏斗中的进攻性武器，在和病魔进行搏斗中起厮杀作用，舞动起来倍显威风。

上图：萨满用的神鞭

下图：萨满神矛

（7）神鼓：锡伯语称“伊木秦”。神鼓直径多为五六十厘米，鼓缘由柳木板制成，鼓面上蒙以驴皮，鼓面上绘有彩绘纹样，色调古朴，鼓面上绘有萨满教的神鹰崇拜之神，形象逼真。鼓槌用木条削制，有弹性。鼓槌多用柳木制，长约五六十厘米，木槌上包以兽皮或水鼠皮。每位萨满备有三面神鼓，除自己固定使用一面外，其余为扎里(二神布吐萨满担任)使用；或培养徒弟成功后，授其一面。伊木秦在萨满跳神中起装饰和传递信息的作用，随着舞步的加快，鼓声也随而急促。萨满认为，鼓声能震慑病魔，能召唤诸神灵降附萨满身上。

5.刺绣制品(列入国家级非遗名录项目)

刺绣制品是西迁节期间展示的重要工艺品种。也是为锡伯族妇女所擅长的传统工艺，范围广泛，从服饰到鞋袜，从门窗罩帘、墙围布、锦帐等，到枕头花、衣边以及荷包、嫁妆、葬服等，都是刺绣展示的天地。西迁以后锡伯族妇女的刺绣作品，不论从图纹还是选料等方面都更趋成熟。汉族的图案艺术、维吾尔族的花卉图案艺术、哈萨克族的鞍具图案艺术、蒙古族的酒具图案艺术，与锡伯族的刺绣有机结合，兼收并蓄，水乳交融，形成多样化的样式。

在锡伯族人的传统观念中，绣花是衡量锡伯族妇女品性与能力的重要标准之一。姑娘在出

锡伯族刺绣产品

嫁前要绣制一双绣花鞋，举行婚礼庆典时拿出来穿上，之后一直珍藏到年老时做寿鞋用。姑娘出嫁时，如有亲手制作的带有精美刺绣图案的生活用品，如枕头顶、被帐、手帕等，就会赢得婆家人对她的称赞、好感和尊重。据老人讲，结了婚的妇女还要给丈夫绣制一个挂在身上的烟口袋，绣上自己精心设计的吉祥图案与装饰。

锡伯族妇女在长期的生活实践中，将大自然赋予美好事物，用灵巧的双手绣到自己的作品里。刺绣的图案有人物、山河、树木、花卉、飞禽走兽等。其中，蝴蝶和菊花等绣品，象征着自由、宁静、和平、美丽，也给予锡伯族人一种精神力量，激励着他们在艰苦的环境中繁衍生息。

6.传统弓箭制作技艺(列入国家级非遗名录项目)

锡伯族人素以“善骑善射”著称。在锡伯族人的心目中,一把传世的弓箭既是一个强劲的工具,又是一个精美的艺术品和吉祥物,更是西迁文化、精神和历史的浓缩。在清代,锡伯族居住的八个牛录设有弓箭造办处,有专职制弓工匠,批量生产统一规格的弓箭。时值当代,弓箭已成为工艺品,现在多生产复合双曲弓等类型的弓箭,这种弓的内胎为竹木,外贴牛角,内贴牛筋,两端安装木质弓梢,以牛角、竹木、动物胶、丝棉、原漆、牛筋、动物骨、皮革、金属丝等多种材料制成,有“制胎、切角、粘筋、锉梢、整身、饰体、编弦、

弓箭制作技艺传承人陶文新

造箭、制袋、制扳、制臂”等十余道流程，二百余道工序。

7.剪纸

锡伯族民间剪纸，通过锡伯族妇女的审美创造，在承袭传统样式的基础上，结合现实生活，使之更具艺术的独特性。

首先是题材的独特性。除了与传统民俗信仰有关的剪纸作品外，还出现大批反映时代内容，以锡伯族人的生产劳动、民俗民风及民间传说故事为表现内容的新作品。

其次是表现风格的独特性。剪纸的表现具有原始艺术的基本特色，有浓郁的北方民族艺术古朴、稚拙的审美特点，其中人物剪纸体态神态多有写意传神的刻画，作品构图饱满。动物剪纸

锡伯族剪纸

造型更是简练,惟妙惟肖。

8.民间图案

锡伯族的民间图案风格多样、造型优美、色彩绚丽,具有独特的民族特点和浓郁的生活气息。图案题材包含衣食住行各个方面,广泛应用于建筑、编织、刺绣、雕刻、装饰、服饰、首饰、刀具、乐器、马具等生活用具和生产用具上。这些图案大都以自然为表现对象,通过艺术手法,形成一个个精巧的图案纹样,不仅细致地描绘出日常生活接触到的各种事物,而且想象大胆。有的图案使实用效果与欣赏价值相结合,既注意装饰效果,又极力避免繁琐、生硬拼凑。凡是表现自然物象的图像,都对自然物的特征、生长规律、动态结构做了细致的观摩,选取其代表性状组合演绎为图案纹样。

锡伯族民间流传的一些虎、鹿、狼、鹰、鱼、龙等象征性动物图案,它们的长久存在并不尽是因其简赅的艺术语言、形象、形式本身审美特征引人注目,而主要是因为这些形象本身积淀着锡伯族的信仰与崇拜因素。如"鲜卑瑞兽"的图案造型,从史书中记述的神兽及锡伯族远古先民因它的神性而产生的对它的崇拜到后世锡伯族人雕绘其形于带钩,及至现代人们又丰富了它的形

上图：寺庙拱顶雕花图案

下左：雕花马鞍

下右：锡伯族狩猎图案

象，将其设计成足踏祥云、翻腾飞奔或脚踏莲花神态祥和的瑞兽。目前，鲜卑瑞兽已成为西迁节活动中代表吉祥意义的图案和造型。

四、主要活动场所

锡伯族的特色建筑有靖远寺、图公祠、太平寺和风情园等建筑群。在这些建筑群中，不但使锡伯族的传统文化得到集中展示，而且也成为本民族传统节日——西迁节的重要载体，成为节日举行重要的活动和纪念场所。这些场所及其纪念西迁节的活动，使人们了解到锡伯族人民的西迁历史，感受到锡伯族辉煌灿烂的建筑艺术。

1.靖远寺及其西迁文化特色

靖远寺位于新疆伊犁察布查尔锡伯自治县城西5千米的孙扎齐牛录村，由锡伯营八旗军民于清光绪十八年(1892)合力积银捐资而建成，是清代伊犁八大喇嘛庙中较有影响的寺庙之一。1990年，靖远寺被自治区人民政府列为自治区级重点文物保护单位，2006年5月25日，被国务院批准列入第六批全国重点文物保护单位名单。

靖远寺坐北朝南，共有12座单位建筑：东边的山门、四大天王殿、大雄宝殿、东西配殿、三世佛大殿、钟楼、鼓楼及西边的土地庙、关帝庙、娘娘庙等构成。靖远寺建筑群规模宏大，占地1.5万平方米，建筑面积2000多平方米，整个寺院对称成比例布局的殿阁、楼台错落有致，古朴自然、各尽其妙，整个寺院组成了一组雄伟壮观、和谐统一的古建筑群。四周筑有高大围墙，山门前有砖雕影壁，正门上方刻有锡、汉文“靖远寺”的大金字，笔法工整，苍劲有力。靖远寺的山门不大，里面供奉着哼哈二将。再往里走便是四大天王殿，轻轻推开大门，便可见四大天王立于殿中。四将的彩色泥塑使整个寺庙笼罩在一种威严的气氛当中。出了四大天王殿，大雄宝殿跃入眼帘。大雄宝殿外左右侧墙主体正中有两幅砖雕，左侧为双鹿回春图，右侧为松鹤延年图。每幅砖雕均由4块正方形青砖组成，拥有高超技艺的锡伯族工匠在4块方砖上雕刻出了一幅完美的图画。100多年过去了，砖上的图画仍然丰满灵动。大雄宝殿内有十八罗汉像分坐西边。三世佛殿中，三尊佛像端坐其中，分别为：现在佛——释迦牟尼，佛都的创始人，也称佛祖；未来佛——西方极乐世界的主宰阿弥陀佛；过去佛——东方净玻璃世界的主宰佛药师佛。在靖远寺东侧有

靖远寺大殿

靖远寺浮雕

一口道光二年(1822)铸造的古钟，钟顶为关公头像，下摆八瓣分别有八卦图案，主体刻有满文。轻轻叩击古钟，清脆悠远的钟声将人们送回到百年前的历史回忆之中。

靖远寺是锡伯族人民来到伊犁后八个牛录齐心协力共同建造的建筑，当时由清政府补发军饷及一部分集资修建，成为锡伯喇嘛们的主要宗教活动场所。靖远寺整个建筑具有砖雕、木雕艺术，并配有彩绘、泥塑，集中原建筑文化和边疆地域建筑风格为一身，东边的建筑宗教崇拜均具锡伯族文化特色，路西的建筑物体现了汉文化建筑特色，东西部分合二为一构成靖远寺的全貌，充分展现了锡伯族人民的建筑和工艺美术水平。

靖远寺也是举办西迁节活动的重要场所，过去节日纪念活动大多在靖远寺的园内举行。

2.图公祠及其西迁文化特色

图公祠坐落于察布查尔锡伯自治县纳达齐牛录乡村内。在察布查尔大渠龙口也建有座图公纪念亭。清嘉庆十三年(1808)察布查尔大渠竣工后，为纪念锡伯营总管图伯特的倡修之功，即在渠首择地建立生祠以作纪念。该祠建筑面积30平方米，祠堂正壁上绘有图伯特彩色画像，祠内设有木匾，用锡伯文书写其功德。每年春秋整修渠道时举行祭祀活动。现已成为重要旅游景点之一。

图公祠原建在察布查尔大渠龙口，后迁移至纳达齐牛录村关帝庙院内。过去的关帝庙是以正殿、东西配殿、钟楼、鼓楼、山门等组成的以中轴线来布局的建筑群，后在“文革”期间毁坏了东西配殿、钟楼、鼓楼，正殿被利用为仓库而幸存。图公祠始建年代为1808年，原建筑面积30平方米的一间小屋，雕梁画栋，飞禽走兽，里面正壁上挂有图伯特的彩色画像，门上悬挂对联一副；1986年重修，建筑面积150平方米，图公祠阔至三间，进深两间，单檐歇山顶，殿下有台基，踏朵组成。大殿居后院中央，前面左右各修建有关帝庙和娘娘庙。关帝庙保存较好，关庙内原有关帝像，两侧墙壁各绘有12幅《三国演义》组画及动物造型的画像，画像出自锡伯族工匠之手，画工精美，保存完好，娘娘庙已破损到无法使用。1994年县政府倡议在全县募得资金再修图公祠大殿，大殿正中放置图公半身铜像，墙面上绘有图公带

察布查尔锡伯自治县纳达齐牛录图公祠正殿

领锡伯官兵历经六年开挖察布查尔大渠的情形。

图伯特，伊犁锡伯营正蓝旗（今察布查尔锡伯自治县纳达齐牛录）人，清乾隆二十年（1755）五月出生于今辽宁省沈阳市北郊的锡伯村屯。乾隆二十九年（1764）农历四月初，年仅10岁的图伯特也随军西行，18岁起应试成为披甲，后升为锡伯营总管。清嘉庆七年（1802），图伯特采纳兵民的意见，力主在绰合尔渠以南另行开渠并确定了在察布查尔山口南引伊犁河水、自崖上凿渠的具体方案。当年农历十月，正式动工开渠。各牛录分编成两个大队，共400个劳动力，采取边挖渠边屯垦的办法。这样既解决了新开渠道试水的问题，又解决了渠工的口粮问题。总管图伯特日夜不离工地，他白天指挥劳动，夜晚则率领部分办事人员，用香火测量地形、钉桩，标明翌日开挖

察布查尔大渠龙口图伯特纪念亭

的路线。锡伯族军民在图伯特的率领下，齐心协力，经过辛勤劳动，终于在清嘉庆十一年(1808)，挖成了深一丈，渠底宽一丈二寸，渠面宽三丈，东西长二百余里的察布查尔大渠。大渠一经建成，很快就开垦出了78704余亩土地，使锡伯族军民的生活大为改善，至今已开垦了20余万亩。伊犁将军松筠将图伯特的功劳奏报清朝皇帝后，嘉庆皇帝十分赞赏，于1890年，令其进京朝觐，并绘图紫光阁。图伯特进京时，带去了察布查尔地区的十多种土壤样土，向嘉庆皇帝一一介绍各色土壤的性质、用途，以及如何发展锡伯族农业生产的远景规划。朝觐之后，图伯特遵旨返回东北故乡省亲，向乡亲们汇报了在伊犁驻屯的情况。在返回伊犁的途中，授任为塔尔巴哈台领队大臣。清道光三年(1823)图伯特在锡伯营正黄旗(寨牛录)的家里逝世,享年69岁。为纪念图伯特倡导开渠的功绩,锡伯族人民在察布查尔大渠龙口和纳达齐牛录等地,请准各建立一座“图公祠”永志纪念。

3.太平寺及其西迁文化特色

太平寺,俗称“锡伯族家庙”,位于沈阳市和平区皇寺路178巷2号,是锡伯族人出资兴建的一座喇嘛庙。康熙四十六年(1707)始建,乾隆十七年(1752)扩建,后又经乾隆四十一年、嘉庆八年、光绪二十八年重扩建,寺庙日臻完善,逐步形成一座规模较大的寺院,此庙为当年锡伯族祭祀、集会和举行农历四月十八传统节日的场所。

太平寺坐北朝南,布局严谨,雄伟壮观。原占地面积为1.8万平方米,建筑面积达958平方米。建筑风格为喇嘛庙形式。主要建筑有山门、前、中、后三大殿,东西配殿等,寺内主要供奉释迦牟尼、八大菩萨、四大天王等佛像,有前后两进院落。在正殿的正中悬挂着“锡伯家庙”四个烫金大字的匾额,是咸丰年间驻守盛京的锡伯族协领色普铿额敬献。大殿前面原先立有满文、汉文石碑,现仅存满文石碑。碑上详细地记载着锡伯族迁移和编入八旗的史实及太平寺的创建过程，是保存下来的一件重要的历史文物，现已复制，在殿前树立。此外，还保存下来“锡伯族家庙”木匾一方，长270厘米，宽97厘米，厚40厘米，现存沈阳故宫博物馆。新中国成立后，沈阳市人民政府出资对太平寺进行了修缮，2003年将其公布为省级文物保护单位。同时，记载太平寺和锡伯族历史的石碑被列为国家一级文物，现收藏于沈阳故宫博物馆。2010—2011年沈阳市和平区人民政府投资500万元对锡伯家庙进行修复，修缮后的总面积达到4000多平方米，收集展品2000余件。开放时期参观人次达2万余人。

每年的农历四月十八日，举办西迁节活动期间，沈阳市及全国各地的锡伯族人都前往锡伯家庙举行祭祖活动。

2006年被国务院确立为全国重点文物保护

沈阳太平寺(锡伯家庙)正殿

单位。

4.锡伯风情园及其西迁文化特色

位于新疆察布查尔锡伯自治县孙扎齐牛录村内的锡伯民俗风情园是国家3A级景区，距离县城中心约7千米，距伊宁市18千米。该园是展示锡伯族西迁历史和锡伯民俗的综合性民俗风情园。锡伯民俗风情园包括锡伯族民俗风情博物馆仿古建筑、民俗娱乐区、锡伯民族英雄图伯特塑像和西迁纪念碑、庙会一条街等。占地面积49460平方米，是一个汇聚和展示锡伯族历史文化和民俗风情的民俗风情园。

锡伯风情园有六大景点：一是造型突出的锡伯族建筑，宏伟壮观，有高大厚重的城墙，城墙上有烽火台的垛口，大门两侧是西迁路线图和开挖察布查尔大渠的浮雕，正对大门屹立着锡伯族的民族英雄图伯特的全身铜像。二是展示锡伯族西迁史、戍边屯垦史、民族史三史合一的博物馆，以锡伯族西迁戍边屯垦和民族生存发展为内容，收集了大量锡伯族人自西迁伊犁以来的传统用具、书籍和历史文献等。主要展示锡伯族的西迁史、屯垦史、戍边史（沙盘模型）和锡伯族悠久的历史民俗文化。三是让游客亲身体验射箭运动

察布查尔锡伯族民俗风情园里的图伯特雕像

和观看射箭表演的射箭场，这里也可以作为射箭（园内专设射箭场）、表演各类节目的场所。四是集品茶、休闲娱乐、观景为一体的茶楼，茶楼是锡伯民俗风情园里具有独特风格的建筑。古色古香的内厅设计颇有新意，但最引人注目的是由六七个农村妇女自发成立的锡伯民间歌舞队。现在，每当游人进入茶楼，她们都会表演具有锡伯族风格的歌舞。在这里，您可以尽情地学跳锡伯族舞蹈。五是举办大型活动的舞台。在每年的西迁节期间，这里都会举行大型的歌舞盛会。六是沿用清式建筑风格的综合文化长廊，这里既有美味可口的锡伯族特色饮食，也有独具民族特色的旅游纪念品。

5.关帝庙及其文化节特色

坐落在察布查尔锡伯自治县纳达齐村的关帝庙，建筑面积200余平方米，并立于图公祠之侧，前低后高，呈勾连搭形建筑，室内供奉“关帝”神位。关帝庙是锡伯族生态文化保护区中的重要建筑之一，由锡伯族军民集资修建，始建于清嘉庆年(1800)，关帝庙坐南向北，整个建筑群自南向北呈中轴线对称排列，曾有大殿、配殿、钟楼、鼓楼、山门、照壁、娘娘殿等配套建筑，现仅存有大殿(关帝殿)残迹。关帝庙正殿东西两面墙壁上曾绘有《三国演义》中的桃园三结义、单刀赴会、过五关斩六将等故事情节，是锡伯族绘画艺术中的精品。之外，在关帝庙之侧建有娘娘庙，庙里供奉三位娘娘，在节假日期间举办祭祀活动。

当年，关帝庙和娘娘庙曾经是当年农历“四

察布查尔纳达齐牛录关帝庙

一八”传统节日期间举办庙会的活动场所。

6.西迁节文化旅游景区

在每年农历四月十八举办锡伯族西迁节文化旅游活动的风景区主要有：

清水湖生态旅游度假村：2000年8月由自治区批准建立的国家2A级景区，位于察布查尔锡的自治县城北部9千米，伊犁河边。是集伊犁河风光和河谷林游览、观光、休闲、度假为一体的综合型生态旅游度假区。整体规划面积1.2平方千米，风景河段10千米，河面宽约0.4～2.4千米，河流两岸宽阔平坦，两岸及边滩、江心洲分布有茂盛的河谷林及草甸植被，内有月牙湖景区，有射箭厅一个、遛马场一个、烟雨楼一栋、滚水坝一个、曲桥一座、拱桥四个等，还设有月牙湖宾馆和十栋休闲别墅。

吉快旅游度假村：国家3A级景区，位于察布

察布查尔城北清水湾景区

查尔锡伯自治县城北部7千米，伊犁河边。是集伊犁河风光、自然湖、河谷林游览、观光、休闲、度假为一体的综合型生态旅游度假区。度假区整体规划面积410872平方千米，有护城河39996平方米，自然湖12245平方米，湖面木桥长廊1200米，景区绿化树木100000株等。有景区大门一座、大型游泳池一个、民族特色雕塑群观赏点一个、欧式别墅两幢、锡伯族卡伦两幢、欧式多功能厅二幢、锡伯族卡伦休闲屋一个、葡萄长廊、仿蒙古包12座等。

琼博拉森林公园：自治区级森林公园，位于察布查尔锡伯自治县琼博拉乡境内，是原始森林生态型自然风景区。琼博拉森林公园总面积90平方千米，区内乌孙山有3000米以上山峰约3千米，平均海拔1910米，主峰白石峰海拔3475米。乌孙

仿制的牛录城门

山既是科考、野营、教学的重要场所,又是旅游观光、避暑度假的理想胜地。景区中有琼博拉河,林带气候凉爽湿润,河谷景色优美,奇峰、峡谷、瀑布、森林、草甸、河谷林是吸引游客的主体。主要游览项目有琼博拉古墓群、琼博拉沟瀑布、石门景区、白石峰景区、滑雪区、野生动植物园、游乐区、观景区、科学考察区、疗养度假服务区等。

参考文献

[1]沈阳市民委民族志编纂办公室编.沈阳锡伯族志.沈阳:辽宁民族出版社,1988.

[2]佟加·庆夫,佟林清主编.锡伯族风情录.乌鲁木齐:新疆人民出版社,2004.

[3]吕大吉主编.宗教学通论.北京:中国社会科学出版社,1989.

[4]H.里德著(英),王柯平译.艺术的真谛.沈阳:辽宁人民出版社,1987.

[5]程俊英著.诗经译注.上海:上海古籍出版社.1985.

[6]佟加·庆夫,郭庆,葛丰交著.中国少数民族风情游·锡伯族.北京:中国水利水电出版社,2005.

[7]察布查尔锡伯自治县锡伯族民间图案集编纂委员会.锡伯族民间图案集.

[8]关留珍.新疆锡伯族服饰研究.2005(3).

西迁节代表性作品

概述：本章重点介绍了描述西迁节的四部长诗、西迁组画及六集电视纪录片《大西迁》等杰出代表作品，这对于了解和研究西迁节的文化内涵具有重要价值。

介绍或研究锡伯族西迁节的相关作品，散见于各类图书、各类报刊文章以及制作发行或自制的电子影像产品之中，数量众多，但其中具有代表性的作品是四部长诗《告别盛京》《西迁颂》《西迁之歌》《离乡曲》和西迁组画、六集电视纪录片《大西迁》等。分述如下：

一、描述西迁节的四部长诗

第一部：告别盛京

（富丽翻译整理）

奉天承运大清国，伟业昭昭功绩多，
圣汗辈出多兴旺，福祉久远显昭德。

天赋智慧和贤能，建立伟业于盛京，
贤能辐辏人才多，鼎力相助事业兴。

仁义之师众清军，不久开入山海关，
为了长久多谋略，以仁定鼎北京城。

兴邦立国建常制，弘扬满洲天下知，
普降天福和雨露，大定天下显业绩。

阿睦尔撒纳叛乱，乾隆皇帝显神威，

派兵点将去征剿，前来称臣定西陲。

绿裘皮兮风毛长，好比帝国之西疆，
驻守边疆君子志，锡伯奉命离盛京。

盛京锡伯奉上谕，东兵西调守伊犁，
告别盛京将启程，四月十四是行期。

树上喜鹊喳喳叫，西迁军士仔细听，
盛京部院发银两，带在路上做盘缠。

海水浪潮来复去，海水一望无边际，
智囊妙计已定局，无可挽回锦囊计。

好比那蚕之巢穴，早晚离散奔东西，
离别盛京洒眼泪，流入盛京那河里。

山中榆钱闻狮吼，相互言谈道别离，
山中丛林闻狮吼，倾诉衷肠道别离。

飞来飞去鸽成群，鸣来鸣去话知音，
皆云锡伯被迁徙，难免成为伊犁人。

好比鹳鸦之巢穴，迟早要活活分离，

西迁士兵锡伯人，背井离乡弃祖坟。

空中悬挂之虫穴，终究断然须分离，
西迁锡伯会族亲，今生今世万不能。

如同山中之兽穴，中途终究要离别，
再与父母来相会，已是来世之事了。

好似金鸦之巢窝，中途必定要离别，
想与兄弟再相会，是永远见不到哟。

又如水雀之巢窝，一旦告别了盛京，
再想来看看家乡，是死也见不到哟。

再如鸽雏之巢窝，是恸哭分别之事，
想见洗漱过之水，今世再也办不到。

姑舅亲成来相聚，送来靴子和帽子，
迁徙的各位阿哥，从心里不愿离舍。

亲家一同来相会，送来鞋子和袜子，
说起亲家众大哥，转眼就要看不到。

女婿女儿来团聚，含泪呈上热烧酒，

今日拜别岳父母，他日再也见不到。

各位朋友来相会，互相劝慰莫思念，
西迁的各位大哥，都准备好了小车。

听戏子的唱戏声，等待启程那一天，
为了自己的前程，戒掉二心和哀怨。

走兽一跃腾空起，西迁万里人杰志，
留守盛京锡伯人，恸哭不已难别离。

为乡亲修治千井，寄托离别之忧伤，
失声痛哭的声音，震撼山河和全乡。

到了启程这一天，套上十岁口的牛，
盛京大街和小巷，充满哭声和悲伤。

分发了白色套裤，西迁人开始上路，
全乡人大哭不已，都是为骨肉分离。

追赶飞驰的骏马，告别盛京的军士，
送行的各位阿哥，送到关外才道别。

一轮满月似银盘，照亮前边的路程，

众亲友想再团聚，今世间再也不能。

泪水浸肿了眼睛，望见了边塞大门，
一片惨淡和冷漠，不见了送行阿哥。

仰赖着圣主隆恩，军士行到张家口，
托靠着万岁之福，不怕路远万里行。

有皇上的怜恤在，西迁人一路平安，
诚心诚意向前进，快到乌里雅苏台。

刈麦农夫知路险，前边路途细指点，
一望无际大沙漠，切记戒哭戒乏渴。

放眼沙漠风迷离，路有多远不知底，
一路劳苦和忧伤，何时才能到伊犁。

眼望云层铺过来，窝铺简陋缺铺盖，
深夜天寒人更苦，战战兢兢苦难挨。

缺粮耕种大麦田，挥鞭吆喝盛京牛，
沙漠缺水多干旱，棒打耕牛情更惨。

听见山间流水声，听见孩子啜泣声，

空空荡荡满山谷，充满人的大哭声。

阳光闪闪照路口，现在转向伊犁走，
车内夫妻常反目，难耐劳苦和忧愁。

辛勤割来原上草，铺上干草当行李，
提到已死去的人，先筹划怜恤孩子。

眼看见慈鸦渡过，决心取来好加餐，
父母壮年走在前，女人孩子走后边。

看见青鸦不吉祥，疲惫不堪眼昏花，
车翻人仰情更惨，满面是血鲜血淌。

忽望见鸭子飞过，方知道前边有水，
历经干旱的痛苦，视水比血还珍贵。

花牛实在太疲倦，牛车继续向前行，
一路行车多艰险，行路原笑人无能。

寂静美丽的平原，捎句话给后面车：
阿哥若是有情人，快行莫管它人车。

车沿着山傍而行，催赶着花牛快行，

趁着大路很宽阔，插空赶路莫等人。

来到了赛里木湖，小山岭个个矗立，
行路上荆棘丛生，斧砍荆棘开了路。

已望见果子沟岭，心里头多么忧伤，
让人们一一下车，须度过七十座桥。

直到过了旧历年，人们才到达老城，
天赋予的生灵啊，才获得新的生命。

谢圣上福祉深厚，才到达伊犁边界，
因众人疲惫劳苦，传令都住在老城。

天上的繁星闪烁，西迁人到了老城，
恍恍惚惚的心啊，如今才得到安定。

明智的伊犁将军，他具有仁爱之心，
因锡伯人太劳苦，特赠予霍吉格尔。

彩云朵朵飘过来，查点西迁人户口，
分给孳生的牲畜，分给耕种的田地。

各种忧患频降临，不幸竟遭遇荒年，

西迁人没有积蓄，生命却已在召唤。

万幸有伊犁河水，在这里渔产丰足，
辛勤地撒网捕钓，西迁人自养其命。

锡伯的女人们哟，个个都勤勉强干，
采来了各种菜蔬，终于度过了荒年。

西迁人补编牛录，以前有六个牛录，
整顿后编为八旗，统统称为锡伯部。

上天赋予的生灵，生育繁衍日益多，
人口连年有添增，可耕大田不够用。

云遮虹霓在闪烁，图大臣可谓圣贤，
开察布查尔大渠，可灌溉万亩良田。

朝廷圣上多仁义，天下臣民享太平，
家家勤奋齐努力，丰衣足食喜盈盈。

关于《告别盛京》的说明：

《告别盛京》是反映锡伯族西迁的满文史诗，形成时间不详，但不晚于民国初年。到目前发现了两种抄本。据收藏者富丽先生介绍，第一种抄本计240行，第二种抄本比第一种少40行。现译文是富丽先生对照两种抄本翻译整理的。《告别盛京》不仅是一部文学作品，而且也是一部具有资料价值的古籍，对研究锡伯族文学艺术和锡伯族西迁历史具有较高的参考价值。

第二部：西迁颂

（贺灵翻译整理）

回首大清朝鼎盛岁月，
西北边塞突然风云变幻，
准噶尔封建主倒行逆施，
裹胁平民发动了叛乱。

大小和卓趁机而起，
宁安的疆土上煽起了战火，
边塞的安全遭到了威胁，
黎民百姓陷入了苦渊。

凶恶的叛匪张牙舞爪，
外夷列强纷纷扶植亲信，
大清面对危难的局面，

发出谕令要火速平叛。

康熙皇帝虽文武俱全，
戡乱的宏志未能最终实现，
乾隆皇帝顺应天时民心，
终于解除边塞的疾患。

胜利成果正亟待巩固，
空阔的疆土上需遣兵驻守，
清廷内外引起纷纷议论，
乾隆帝一锤筹策决断。

戡乱官兵要班师撤回，
广袤的边陲急需调兵遣官，
垦戍边塞事关国计民生，
重担落在了锡伯等族的双肩。

乾隆皇朝二十九年，
锡伯部族史上非凡的一年，
高宗皇帝举起沉重的玉玺，
一颗印章稳住了江山。

调迁锡伯官兵的谕旨，

犹如闪电传到了盛京城中，
盛京将军接到圣旨，
召文武百官商议调遣。

锡伯军民闻知圣命，
男女老幼纷纷把大事相传，
嘎善里掀起了阵阵浪潮，
奋争的呼声直冲霄汉。

要去遥远的边疆驻防，
骑射技艺须要样样熟娴，
万里路途必有山高水险，
体弱和病残不可挑选。

请求拣选的阵阵呼声，
即刻牵动千家老少的方寸，
将军府里塞满点选信片，
十五城里正群情振奋。

余图肯将军遵照圣旨，
精心点选了千户官兵，
留住的人们都忧心戚戚，
远征的同胞忙碌不完。

出征的时刻已经来临，
军民戎马轻装正待登程，
昔日同饮故乡一脉甜水，
今日相别将天各一方。

相别的人们来到家庙，
倾听长者讲述祖先的历史；
茫茫无边的兴安岭阿林，
曾是锡伯部族的摇篮；

正当河清海晏的时候，
锡伯部族突遭空前的患难，
匈奴贵族无情的铁蹄下，
多少无辜被践踏摧残；

稀世罕见的嘎仙洞里，
镌刻着祖先漫长的血泪史，
杜音率族离别亲生故土，
寻求安暖向南方徙迁；

远征的部族历尽艰险，
来到绰尔比拉旁安营扎寨，
岂知处处争斗处处战火，

无辜的锡伯先人几易新主；

阿保机厄真统霸四方，
成为锡伯部族的凶煞恶神，
铁蹄棍鞭时刻盖顶劈脑，
哭嚎的人们度日如年；

迷途的孤鸟偏遭风暴，
锡伯先人又落科尔沁厄真手中，
惨无人情的吴克善手里，
流尽了最后一滴血汗。

努尔哈赤又称雄边塞，
古埒山上洒下了抗暴族血，
争战的烟火弥漫天地，
锡伯又遭空前的危难。

科尔沁厄真仰鼻雄强，
把锡伯部族贡献给了新主，
多灾多难的锡伯族民，
日夜挣扎在群雄足间。

滚滚奔涌的绰尔河边，

洒下了同胞自卫的热血，
嫩江两岸荒芜的黄土里，
曾把勇士的尸骨埋掩。

雄伟的室韦阿林之上，
饥民寻食的足迹还未消尽，
嫩江畔创建的锡伯苏苏，
一夕变成了废墟一片。

弱小的部族遭到不幸，
凶悍的统治者又随心弄搬，
戈壁荒漠上的单根苦草，
任风雨吹袭任雪霜摧残。

历尽苦难的锡伯部族，
又遭到了生离死别的命运，
大清皇帝唯恐他们生端，
几次分散又数度调迁。

齐齐哈尔、墨尔根、伯都纳，
留下首次调迁的呐喊，
大清开国首府盛京城里，
锡伯迁进创建了家园。

边塞虽乱青壮不断赴战，
妇孺老年犹处安平的家园，
迁居盛京的六十余年间，
是岁岁丰载可谓乐年。

六十余年在一闪之间，
锡伯部族被强令调迁塞边，
三千勇士即将负戈登程，
故乡又要被人为隔远。

离别佳肴虽品种多样，
可谁有心思前去一一品尝?
乡亲们的嘱托千句万条，
远征的儿女铭记心中。

送别美酒虽醇香扑鼻，
可还有谁去把它痛饮迷恋?
远征的儿女们手捧酒樽，
难言的别情酒樽难盛。

昔日的乡亲谈笑风生，
今日个个悲戚地肃穆深望，
只有那郑重的临别之言，

胜过金银珠宝的分量。

四月十日难忘的一天，
首批人马辞别美丽的故乡，
军民移动铅铸般的步伐，
十步九回头踏上了征程。

四月十八日史籍永载，
第二队人马在家庙里祭奠，
泪眼依稀生养我的山水，
相别的同胞难舍难分。

年届垂暮的老爷尊公，
又喊住了已经启程的孙子，
老人为何这般老泪纵横？
难道此去难得再见容面？

饱经风霜的老莫昆达，
又奔到吱呀欲碎的牛车旁，
取出那珍藏的世传家谱，
交给亲人要世代相传。

历尽沙场的白发射手，

取出祖传的弓箭挂在儿身，
再三叮咛继承父老遗志，
不可辜负祖先的心愿。

望不见了故乡的倩影，
听不到了乡亲熟悉的声音，
只有那催征的驼铃之声，
陪伴着人马留在耳边。

走出从前驰骋的小路，
离开六十余年相伴的故土，
荒漠野岭顿时一望无际，
只有那驼印马迹依稀还见。

颠簸的牛车呀呀欲碎，
瘦弱的驼马一路悲鸣不断，
克鲁伦路上苦行了数月，
远征的队伍备受熬煎。

颠簸欲碎的牛车上面，
日日增添初来乍到的生命，
疲惫的车夫稍有疏忽，
牛车产妇会翻进深谷。

荒滩上骤起遮天狂风，
飞沙走石不辨前进的方向，
妇孺老年缩在车底下面，
月中婴儿又哭叫抖颤。

飞沙走石的荒漠沙滩，
不见一棵驼马充饥的野草，
驼马耗尽气力原地蹒跚，
重包沉驮在沿途抛撒。

身备的干粮仅够两月，
军民挨饿失去了从前模样，
饥饿难忍得用野菜充饥，
体弱的纷纷病倒地上。

人烟稀少的蒙古高原，
远征的军民才走到了尽头，
横卧在大地的杭爱阿林，
突然挡住行进的路线。

百鸟飞不到的山顶上，
只见千年的积雪银光耀眼，
军民重振精神共勉登攀，

艰难闯过了高峰险涧。

杭爱山远远抛在身后，
踏上了扎布汗河右岸草原，
美丽景色叫人迷离扑朔，
远征的人们意志顿振。

昼夜兼行已四个多月，
乌里雅苏台已出现在眼前，
军民欢腾——泪眼模糊，
黑暗中犹如见到光线。

苍天不绝生灵的去路，
大地怜悯疲惫不堪的军民，
乌里雅苏台地广人稀，
要求在这里扎营歇肩。

疲惫的军民刚刚安身，
领队传来整顿队容的命令，
查点清楚骆驼牛马和车辆，
如数呈报等领队复命。

三千有余健壮的骆驼，

十有八九在路上先后倒亡，
生龙活虎般的两千余马匹，
已瘦骨嶙峋无法再用。

简陋沉重的牛车驼驮，
怎能耐得坎坷路程的长颠？
同胞们精心筹备的行装，
没有一个完整在身上。

八月末的蒙古大荒原，
北袭的寒风渐渐迎面刺脸，
稀疏的枯草被寒风刮落，
光秃的荒野袒胸残喘。

光阴逝去了两月有余，
在此过冬还是要拔营续行？
阿木胡朗领队一时难决，
噶尔赛协领不知何从。

军民得知领队的犹豫，
纷纷前去说理又再三请求；
寒冬将临焉能继续行进？
没有驼马会累死马牛。

两个领队犹豫又为难，
去找乌里雅苏台将军商计，
将军成衮扎布通情达理，
满口答应向清廷奏上。

乾隆皇帝随即谕准，
就在乌里雅苏台休整队容，
驼马牛车就地调剂补充，
等到来春继续前行。

送走了严冬春光明媚，
无边无垠的草原复苏返青，
半年的休整期一晃就逝，
远征的队伍准备起程。

英明的成衮扎布将军，
雪中送炭怜悯远行的军民，
四个月的干粮一斤未缺，
半年的茶叶一块不短。

领队们翻开进军蓝图，
卸双肩的终点仍遥遥在前，
高山险水仍然层层交错，

艰难险阻会重重阻拦。

三月初的杭爱阿林脚下，
寒气仍在大地上流连忘返，
北袭的寒风穿膛又刺骨，
军民们重又备受磨难。

扎布汗河里流水湍急，
瘦弱的驼马休想只身蹚过，
不幸的人马掉进水里，
顷刻之间会冲进旋涡。

队伍行进阿尔泰阿林，
犹如蛟龙遮住前进的视线，
山顶上虽然还冰雪皑皑，
山脚下正是花开春暖。

哈腊两湖水清澈如镜，
湖边春色盎然绿草如毡毯，
远征的人们个个情振意奋，
疲情倦意都一一云散。

科布多名城姗姗来前，

领队们有令不得解驮歇肩，
只有振作群情继续奋进，
才能越过那亘古高山。

阿尔泰山上雪水滚滚，
正值大河横溢又四处泛滥，
插翅的人马亦休想越攀，
军民又遇到莫大危难。

正在进退维谷的时刻，
传来了噶尔赛协领的命令；
天地作孽征程受到阻拦，
就地解驮水退再续行。

春日的太阳日渐和暖，
眼看汹涌的雪水有增无减，
被困军民个个心急如焚，
纷纷祈求苍天保佑平安。

身备的粮茶所剩无几，
瘦弱不堪的驼马日日倒亡，
等待水退就是等待危险，
远征的人们纷纷请求启程。

被迫决断的两个领队，
即刻传下继续行进的命令，
阿尔泰山主脉无法穿过，
要想过山得绕道而行。

科齐斯阿林高峻兀立，
深涧和巨壑使人不敢正望，
胆怯的人们会魂飞魄散，
瘦弱的驼马嘶叫哀鸣。

山脚下虽是春意盎然，
山上犹如严冬又风雪不断，
单薄的人争相添加冬装，
只怕变成他人的负担。

艰难穿过科齐斯阿林，
驮重驼马已经倒毙了大半，
身备的干粮已消耗殆尽，
险情似乎来到眼前。

领队协领已计穷谋尽，
无奈派人向伊犁参赞求救，
远征的军民被困在路上，

请火速派人前来救援!

疲惫的军民遇险遭难,
用野菜充饥个个腹中滚鸣,
无奈一路缓进一路歇息,
个个企盼伊犁的援兵。

额尔齐斯河来到眼前,
咆哮的河水又阻挡了去路,
群议群策共谋渡关良计,
决定构筑渡河的浮桥。

军民跨过了险滩恶流,
英雄的足迹深深印在了河岸,
当年留下的“锡伯渡”美名,
永世相传载入了史册。

布伦托海出现在眼前,
在湖旁插上了无数营帐,
湖水荡漾春风阵阵轻拂,
劳累的人们又增添力量。

美丽的景色怎能久恋?

忍饥挨饿的人们无意玩赏，
接迎的官兵仍无影无踪，
只有振作才有希望。

艰难缓行的刚强队伍，
经过了小小的和布克赛尔，
塔尔巴哈台的美丽景色，
为远征的人们久久赞叹。

察罕霍吉尔珠尔虎珠，
它是不朽的史卷永久作证，
疲惫不堪的第一队人马，
在此得到了参赞的接迎。

阿勒坦额墨沙嘛乌苏，
在人们的记忆中永世难忘，
艰难行进的第二队人马，
在此受到参赞的救援。

三个多月的远征路上，
经受了无数的艰难和险阻，
两队开进博尔塔拉草原，
眼前犹如换了人间。

清澈的博尔塔拉比拉，
犹如蛟龙横在绿色缎带上，
远征的人们尝到边疆甜水，
心中的激情无法表畅。

美好的疆土极目无边，
美丽的地方不可解馱久恋，
趁和暖的夏日急速赶程，
待到达终点再建家园。

来到雄伟的果子沟之中，
谁不敬佩天工造作的美景，
山石巍峨呈现千姿百态，
参天的古松昂首凝望。

山涧的雪水清澈见底，
羊肠小道在脚下宛转，
幽密的松林上莺啼乌啭，
长征的疲累顿时烟消云散。

为景盘桓的远征队伍，
不觉走出如画似图的美景，
歇肩的终点已近在眼前，

一气开进了绥定城中。

伊犁将军传来了军令，
在城中扎营暂时解驮歇息，
日后的归宿要商议请奏，
要等待伊犁将军的复命。

漫漫多险的远征路上，
诞生了三百五十余个儿婴，
不忍分离的四百余男女，
悄声随队来到了边疆。

锡伯军民以耕种为生，
随草游牧成为历史的画卷，
安置博尔塔拉随草牧放，
不是锡伯共同的心愿。

英明果断的明瑞将军，
亲临营地察访真情实况，
为了锡伯军民日后生计，
安置村落让择地拓荒。

伊犁河南岸荒废日久，

土地肥沃适宜垦种又牧放，
豁吉格尔地方自古著名，
泉水草滩令世人入迷。

伊犁将军做出了决断；
让锡伯军民移驻伊犁河南，
焦急的人们这才心安意平，
绥定城中度过了半年。

乾隆朝三十一年正月，
军民踏过冰河移到南岸，
美丽的土地上安营扎寨，
迎来屯垦戍边的新春。

多么英雄的民族，
多么伟大自豪的人民，
二十多月出生入死，
徒步跋涉了二万里征程！

勤劳勇敢的锡伯军民，
辞别世世代代相依的故乡，
移驻西北边陲屯垦戍边，
英雄业绩永载史上。

关于《西迁颂》的说明：

该诗为叙事长诗，全诗300余行，系根据民间传说和民歌由贺灵整理而成，近年被译为汉文面世。该诗反映了乾隆二十九年（1764）4000余名锡伯族官兵和眷属离别故乡盛京（今沈阳），跋涉两万余里路程，胜利到达新疆伊犁地区戍边屯垦的历史壮举，讴歌了锡伯族军民为了保卫祖国的边疆，宁愿牺牲自己民族利益的高尚精神。诗中充分发挥展示了锡伯族军民当年在漫漫征途上所经历的千辛万苦和克服千难万险的过程。

第三部：西迁之歌

（管兴才著，佘吐肯译）

在祖国遥远的西陲，
镶嵌着一颗璀璨夺目的宝石，
那是如花似锦的伊犁哟，
人道是古什乌孙的旧址。

遥想当年准噶尔部的达瓦奇[①]，
叛乱的烽烟中发出称帝的梦呓，
班第、永常二将军奋勇定边[②]，
歹毒的狂虏覆灭在格登山里。

受难的人民渴望安居乐业，
残暴的匪徒妄想蠢蠢再起，
阿睦尔撒纳[③]起分裂的黑旗，
罪恶的战火又弥漫了大地。

清廷急令兆惠[④]率师殄灭穷寇，
浩荡的大军所向无敌，
阿睦尔撒纳胆慑溃奔安集延[⑤]，
历史的罪人在那里染疾命毙。

漫长的国界如何守卫？
边疆的百姓安得生息？
纵观史书啊调兵迁民，
屯垦戍边是万全之计。

大清皇帝发出了谕旨，
传到奉天将军那里，
命令抽选锡伯千户人，
远戍边防到伊犁[⑥]。

长翅的羽檄飞传白山黑水[⑦]，
选派的兵丁听命办理户籍，
行军之苦战祸之灾谁人不知，

纵然穷乡难舍又有何计！

奉天省的锡伯啊眷恋故地，
亲吻着沃土不忍上鞍呜咽哭泣，
诰命如山忍痛又割爱，
眼望故乡十步九回难离去。

吉林省的庶民哟离别骨肉，
相抱痛哭何凄凄，
莫道是钢铸铁打的汉，
心如刀割垂泪涕。

黑龙江的百姓呀告别众亲，
声声抽搐哭成泥，
纵使铁石心肠的人，
泪如泉涌把头低。

姑父姑姑哀哀来送行，
呼唤着侄儿依依共幽咽，
万般悲痛也救不了苦命，
别了，挥泪行礼从此辞。

舅舅舅母幽幽来送行，

一腔怨嗟簌簌泪沾衣,
哭干了眼泪行人难久留,
别了,今后相见只能在梦里。

至爱亲朋戚戚来送行,
顿足牵衣无言唯啜泣,
而今奉命戍边到伊犁,
别了,与君惜别无会期。

满屯的乡亲含泪聚议,
人间的伤别莫过于此,
断肠时节应备饯别饭,
观天择吉四月十八日。

满怀忧愤到祖先的寝地,
追念父辈的恩泽捶胸号泣,
此行一去跪拜在万里之遥,
荆棘丛生的陵园谁来扫祭!

留下孤独的坟冢谁来烧纸?
面对先辈的遗骨不忍离去,
同族皆走了,无人来培土,
唯有残月伤怀,杜鹃啼血!

森森国法，谁能逃避？
区区百姓.能说不去？
天地无情，恸哭何用，
万般冤屈，吞在心里。

悲愤怨伤，向谁倾诉？
涕泪纵横，官吏怜你？
皮鞭催迟，刑法欲施，
无尽缅思，早应割去！

出嫁的闺女对月哀思，
莫非退还收下的彩礼，
恩爱良姻用不着杀猪宰羊，
远戍前匆忙对拜天地。

定亲的儿媳扶柳凝神，
难道割断忠贞的情丝？
共赴患难是女子的美德，
唤女快跟夫婿同穿戎衣。

可怜呀受尽折磨的童养媳，
难言的苦衷逼出心中的疮痍。
将在边塞熬度少女的青春，

无尽的忧虑何日才能完毕。

备好啊踏上征途的什物，
生活需要它千万莫怕费事，
带上故乡如金似银的南瓜子，
播在西域饥荒时候好充饥。

精心装好吉祥的喜利玛玛[8]，
菩萨保佑子孙繁衍生殖，
裹好祚福的哈尔堪玛法[9]，
富神保佑六畜兴旺丰颐。

三千余名锡伯人啊离乡背井，
无可奈何强忍心中的悲泣，
吞悲饮泪套上古老的木轮牛车，
忧悒恍惚离别丰美的故地。

远去的人们呀心肝摧裂，
洒下的泪水把车印打湿，
送行的人们啊拦道号啕，
哭干了眼泪又哭出了血……

高陡的山路崎岖难行，

健壮的老牛急喘粗气，
鞭梢系过多少山头的白云，
摘下来抒写怀念故乡的诗句。

赶车的吆喝声有气无力，
跟车的人迈着蹒跚的步履，
催促的鞭子抽得皮开肉绽，
一路青草涂染了斑斑血迹。

辖领西迁的大臣阿木胡朗，
是个贪婪残暴喝人膏血的狮子，
不等拂晓像黄鼠狼吼叫着即催启程，
真是蛇蝎的心肠狠毒又暴戾。

路上发放的饷银微微无几，
哪能分到兵丁的手里，
盐银菜金谁曾见过，
喂肥了狠心的贪官污吏。

遥远的伊犁卡伦[10]望不到头，
远征的队伍日夜兼程走得急，
头顶炎热腹中饭粮如草，
风剑霜刀里人畜积劳成疾。

戈壁之路迢迢四十个驿站，
沙丘起伏的征途真够累死，
酷暑的骄阳焦灼了枯萎的蒺藜，
烈日烙着的沙石磨破了牛蹄。

茫茫的大漠扬起漫天尘埃，
狂风挟着雨雪飞沙走石，
单薄的衣衫早已破烂不堪，
只好用麻片裹着疲惫的躯体。

饥寒交迫使孕妇途中早产，
裸身嗷啼的婴儿命在旦夕，
割下路边的枯草当襁褓，
干瘪的奶头哪能咂出乳汁！

车辚辚，夜夜风餐露宿，
路漫漫日日劳累已极，
未到卡伦身先死者长已矣，
清冷的月光里唯有纸幡在飘曳。

逶迤的队伍发出饥饿的呻吟，
心中的愁云凝聚得如此浓密，
吃完了树皮采集难得的乌珠木耳[11]，

谢天谢地勉强填充饥肠辘辘的肚皮。

啊！翻越了高耸入云的杭爱山[12]，
跋涉那河水纵横的乌里雅苏台[13]草地，
穿过了朔风凛冽的科布多[14]，
又往冰雪封冻的塔尔巴哈台[15]进发。

当北国飞来报春的大雁，
山花露出娇艳的笑脸，
队伍在巴尔鲁克[16]休整了一冬，
又浩浩荡荡克服新的难关。

巍峨的鸟道直插云天，
失修的古栈道无比艰险，
当滑倒的牛车掉进深沟，
再也听不到亲人的呼唤。

湍急的河流汹涌咆哮，
从哪儿去找摆渡的船帆？
砍来山上的树木架起了桥，
“锡伯渡”[17]的美名传到今天。

边塞的戈壁一片荒凉，

干渴的人们梦想清泉，
夜晚围住篝火弹起东布尔，
疲惫不堪的同胞以此聊以消遣。

披荆斩棘跨过了万水千山，
栉风沐雨经受了万般苦难，
男女老少紧跟坚硬的牛蹄，
攀登西陲峥嵘的山峦。

步入巉岩突兀的果子沟，
悬崖绝壁构成了天堑，
狭窄的通道蜿蜒而陡峭，
飞流和瀑布半腰阻拦。

凭一双开天辟地的臂膀，
架起了桥梁，开拓了坦途，
靠一双钢铸铁打的脚板，
踏平了荆棘，征服了凶险！

啊，誓以报国的英雄民族，
何畏关山有千难万险！
闯过了雄峙的果子沟，
披肝沥胆结束了西迁。

长途跋涉的队伍先后来齐，
安营扎寨在芦草沟北面，
七月二十二日报到将军府，
来年迁驻在伊犁河南岸[18]。

皇上颁布了戍边的期限，
驻防时间六十年一换，
待到六十年期满时，
功载青史重返家园。

六十个春秋虽然长，
总会盼到换班的时间，
定居富饶的伊犁河边，
捕鱼也可熬过饥饿的难关！

千里边防线上摆下了虎威的锡伯营，
减员的兵马暂编为六个旗，
大地母亲养育着勤劳的儿女，
闲散马甲又重编了正规的八旗[19]。

重编的意图官民皆知，
遣返的诺言已成诈欺，
无根无蒂的弱民要谋生存，

哪可坐等朝廷的恩赐。

一手拿着弓箭保卫国土，
不让豺狼践踏卡伦的旌旗，
一手拿着铣镰开源节流，
开垦狐兔野猪出没的荒地。

挥舞银光闪耀的铁锹，
刨掉了树根,搬走了乱石，
依靠英勇善战的兵民，
修成了波光粼粼的绰霍尔渠[20]。

滚淌的汗水结出了丰硕的果实，
沉睡的大地献出了金灿灿的稻米，
断缺的军粮用不着再发愁，
袅娜的炊烟带来了生活的气息。

红火安定的日子刚刚开始，
潮湿的河边流行致命的疟疾，
求苍天求神仙皆不灵，
可怜的同胞死亡于可怕的瘟疫。

生存的道路这样的坎坷不平，

才站住脚跟的田园又要抛弃，
在广袤的坡地探明了水源，
引来淙淙的清泉辛勤地耕织。

转眼间已过三十七年，
亘古的荒丘漠野里村落兴起，
涓涓的溪流滋润绽放的花蕾，
轻胞的杨柳逗引啼鸣的黄鹂。

喜利玛玛上增拴弓箭和摇篮，
旗下档房的花名册上填写了儿女的名字，
人丁的兴旺使泉水竟成杯水车薪，
眼前的耕地已经远远不足种植。

胸怀抱负的志士为民操劳，
远近的山河留下勘察的足迹，
图公[21]壮志凌云要开引伊犁河水，
他为民族的安身立命深谋远虑。

终日饱食的贪官们恶言啧啧，
刁钻古怪的索伦岱[22]行同狗彘，
心怀叵测诽谤图伯特，
妄想阻挡人民的意志。

摩伦大喇嘛[23]一片丹心，
大义凛然力排众议：
“若要此事功告无成，
愿同图公斩亲灭族，在所不惜！”

正义的呼声压倒了邪恶，
捣鬼的蠢猪们不敢再放厥词，
男女老少犹如众星捧月，
拥护图公造福子孙的建议。

四百多名健儿气壮山河，
跪对猎猎大纛庄严宣誓；
心里如钢跟随图公开山辟岭，
若不水到渠成死不辞！

壮士的胆量粉碎了顽石，
挥洒的汗雨浸湿了戈壁，
图公身先士卒肝胆相照，
不辞辛劳出入帐幔含蓼问疾。

多少个返工的痛苦时刻，
他细心琢磨塌方的沙石，
多少个励精图治的不眠之夜，

他秉烛耿耿迎接黎明的晨曦。

刺骨的寒风冻冰了打战的牙齿,
炎热的太阳焦灼了身上几层皮?
勇士们的信心坚定不移,
哪会把艰难困苦放在眼里。

两千五百多个日日夜夜奋斗不息,
牵引的水龙乖乖听从英雄的意志,
引过了沟壑,穿过了山丘……
像一条银色的飘带奔流二百里。

啊!幸福的水呀,生命的水,
碧波托着喜泪从锡伯的心中流去!
啊!金银的水呀长流的水,
每一朵浪花都展现着胜利的欣喜!

从此啊,村落相望阡陌纵横,
到处五谷丰登,牛羊遍地,
万年的荒原变成了塞外的粮仓,
人们光荣地命名为"察布查尔大渠"。

洒下七年的血汗奠定了百年大业,

开垦了近八万亩肥沃的耕地，
建设边疆保卫边疆有了坚固的基础，
人们纵情赞颂图公辉煌的功绩！

啊，二百年来金戈铁马纵横驰骋，
岂容沙俄的魔爪来凌辱和吞食，
每一个嘎善[24]都是一个英雄的城堡，
用生命和鲜血保卫了每一寸土地！

啊，二百年来的历史功勋谁来评说？
中华民族的史册上写进光辉的一页！
雄伟的乌孙山可以作证锡伯的忠诚，
心脏和着祖国的脉搏跳动在一起！

［注释］：

①清朝初年，反动贵族噶尔丹取得准噶尔部的统治权后，勾结沙俄，发动叛乱，自称可汗。1690年和1696年，康熙皇帝两次亲自率兵平定叛乱，大败匪兵，噶尔丹服毒自杀。后准噶尔部的权力被达瓦奇篡夺，达瓦奇再度发动叛乱，和清朝分庭抗礼。

②1755年2月，乾隆皇帝派出两路军队，一路由定北将军尚书班第率领，另一路由定西将军

陕甘总督永常率领,会剿达瓦奇。达瓦奇全军覆灭,只带随从窜到南疆乌什县,被乌什县阿奇木伯克霍集斯逮住,交给清军,送京处死。

③在达瓦奇败事后,举兵叛清。沙俄极力支持阿睦尔撒纳,并下令向中俄边境增兵。乾隆皇帝派遣兆惠和成衮扎布率两路军会攻伊犁,叛军望风溃逃,阿睦尔撒纳狼狈逃往俄国,不久死去。清政府严词交涉,沙俄不得不把尸体交还给清政府。

④兆惠(1708—1764):清满洲正黄旗人,参与平定阿睦尔撒纳之役,授定边将军。

⑤安集延:今乌兹别克斯坦共和国境内。

⑥乾隆皇帝彻底平定准噶尔部的叛乱后,1762年,在新疆设置伊犁将军,管辖天山南北。第一任将军明瑞,上奏折要求派遣弓马娴熟的锡伯兵。于是,1764年,从盛京(今沈阳)等城挑选了1000名锡伯族官兵,第一队,官兵500人,连同家属1665人,由盛京城守尉阿木胡朗辖领,于农历四月十日出发;第二队,官兵510人,连同家因1600人,由协领嘎尔岱辖领,于农历四月十九日出发,次年农历七月二十二日,先后到达霍城芦草沟北面。报到伊犁将军府后,当年住在乌哈尔里克城1772年在此地建立了绥定城。

⑦白山黑水:长白山与黑龙江的合称。旧以此泛指我国东北地区。

⑧锡伯族没有文字时代的原始家谱,是家族宗室繁衍生殖的标记。有文字后,逐步变为祭祀的神灵。喜利,锡伯语意延续;玛玛,娘娘神,即保佑子孙繁衍之神灵。

⑨哈尔堪玛法:玛法,锡伯语意祖神,即保佑牲畜兴旺之神灵。

⑩卡伦:锡伯语,边防哨卡。

⑪乌珠木耳:锡伯人对一种可以食用的野菜的称呼。

⑫杭爱山:今蒙古人民共和国境内。

⑬乌里雅苏台:今名扎布哈朗特,在蒙古人民共和国境内。

⑭科布多:今名吉尔格朗图,在蒙古人民共和国境内。

⑮塔尔巴哈台:今新疆塔城。

⑯巴尔鲁克:新疆塔城境内。

⑰锡伯渡:新疆阿勒泰额尔齐斯河流域的齐伯渡。齐伯渡,是锡伯渡的变音。

⑱1766年春天,锡伯营军民根据伊犁将军明瑞的命令,从乌哈尔里克城迁驻伊犁河南岸。

⑲八旗:清代军队和户口编制,以旗为号,分

正黄、正白、正红、正蓝、镶黄、镶白、镶红、镶蓝八旗。八旗官员平时管民政，战时带兵，旗民子孙永远当兵。

⑳绰霍尔渠：准噶尔部曾在伊犁河南岸开挖的水渠。因连年战争，长期失修。锡伯营军民迁驻伊犁河南岸后，重新疏导，作为第一个立足的根基。

㉑图公：即图伯特，乳名图克善，出生在盛京，11岁时跟随父亲迁来伊犁，后做锡伯营总管。1802年10月，他率领440名军民，从察布查尔山口开引伊犁河水，经过七年奋斗，挖成了全长100多千米的察布查尔大渠，开地700余公顷。

㉒索伦岱：锡伯营正白旗（三牛录）名门达官。他反对图伯特开渠，扬言若要水渠能挖成，他便笑死。传说当渠水流到三牛录时，正值他欢宴作乐，听到水到渠成的消息，自惭羞愧，无地自容，竟被噎死。

㉓摩伦大喇嘛：乾隆年间，锡伯营正红旗（四牛录）人，精通佛学和医学，尤其擅长外科手术。

㉔嘎善：锡伯语意为村庄，家乡。

关于《西迁之歌》的说明：

1.《西迁之歌》是一首叙述长诗，在新疆锡伯族人当中广泛流传，争相咏唱。它以细腻的笔墨，描绘了锡伯族西迁及移驻伊犁以后将近200年的历史画卷，文辞优美，内涵丰富，其锡伯文原作口语化特点明显，便于吟唱。《西迁之歌》的原文是锡伯文，经锡伯族学者佘吐肯译成汉文，使它飞渡伊犁河，走向全国，并于1981年荣获新疆维吾尔自治区及全国少数民族优秀翻译文学作品一等奖。

2.《西迁之歌》的作者是锡伯族诗人管兴才，他于1948年至1961年陆续创作完成此作。1948年农历四月十八日，即锡伯族西迁148周年纪念日，当时宁西县即今察布查尔锡伯自治县四牛录组织秧歌队演出，当时管兴才所作《西迁之歌》的前数十节配以锡伯族民歌曲调进行演出，结果演出大获成功，由此该歌传遍锡伯族居住地区。

3.《西迁之歌》在民间存有多种版本，各地传咏的《西迁之歌》也不尽相同，非但个别词句彼此不同，而且个别段落和作品的长短也不一致。比如：1980年搜集到的民间手抄本共100节，400行：1981年《锡伯族文史资料》所刊共127节，506行；1982年新疆人民出版社出版《迁徙之歌》仅有54节，216行。

4.名称：该首长诗的名称，目前有《西迁之歌》

《锡伯族迁来之歌》《迁徙之歌》《锡伯族今昔》《故乡之歌》等不同名称，但均系《西迁之歌》的别称，内容上有大同小异的区别，而《西迁之歌》这一名称则有其醒目的意义。

第四部：《离乡曲》

（锡济尔珲著，贺灵整理）

人生不可忘根源，苦尽甜来自有天；
说起我们锡伯来，本是满洲出白山。

太祖高皇都盛京，吉林安插锡伯营；
世祖章皇多有道，沈阳分驻十三城。

最爱康熙几年中，物阜年丰乐无穷；
尧天舜日天下定，锡伯人丁更兴隆。

乾隆二十有九秋，圣旨煌煌不敢留；
平定新疆安兵勇，命我锡伯边庭守。

盛京将军奉恩波，十三城内选兵多；
挑出锡伯一千户，移驻伊犁奈若何。

高宗皇帝恩无边，差派锡伯兵一千；

饬拨饷银数十万，赏给官兵作盘缠。

命下锡伯择日移，诹吉四月十八日；
父子兄弟难分散，姐妹妯娌不忍离。

娘哭子来子哭娘，家家悲凄实堪伤；
从此分别不见面，报国不能报高堂。

收拾行装要出关，哭哭啼啼泪如泉；
同说死别还好受，这回生离实在难。

坐上牛车出了关，骨肉分离不能还；
每日只行数十里，不知何时才换班。

东望家乡泪不干，哪堪夏热与冬寒；
历过千山与万水，一到乌城更心酸。

牛也疲乏车也残，人都饥饿病难安；
无法暂在乌城住，春融不敢再盘桓。

惶惶过一冬，同把行装密密缝；
准备三春积雪化，想起关东泪满胸。

山路崎岖车乱颠，赶车人儿好熬煎；

妇女号啕牛不走，铁石人闻也见怜。

登山涉水更心忧，老牛车偏遇石头；
儿女翻在车厢里，损腰折腿血交流。

哎哟苍天快显灵，保我儿女到边庭；
纵然受了伤与病，哪有医药来调停。

奔奔忙忙何日休，可恨拉车都是牛；
过了赛里淖尔地，又把烂车到处留。

一日行到果子沟，两边树木水中流；
渡过小桥七十几，但见红日出山头。

人乏已经到伊犁，芦草沟前想暂栖；
父老子弟纷纷议，上司必定有端倪。

伊犁将军差人传，绥定城中暂安眠；
命与锡伯择好地，常久之业要屯田。

时值乾隆三十春，七月十九二十旬；
锡伯官兵齐报到，九重天上细条陈。

明阿将军恩德高，同把我们青眼瞧；

奏明锡伯原种地，恐怕生业日萧条。

城中屯住诸不谙，择地唯有伊犁南；
霍吉格尔一带地，土肥地润水泉甘。

锡伯闻之泪沾襟，携儿抱女过河阴；
迁驻霍吉格尔地，布置八旗奏当今。

计算路程几万余，二年才得到此居；
当差应役学弓马，开田种地结茅庐。

一年光阴快如梭，查点人口三千多；
套车牛马全疲弱，借些籽粒种田禾。

男理外兮女理家，锡伯渐渐有生涯；
丰年好过凶年苦，鹑衣鸠面实堪嗟。

幸有一道伊犁河，天生鱼虾开网罗；
捕鱼为食人欢乐，圣仁宽大育物多。

沧海桑田时变迁，人生不可忘艰难；
水有源来木有本，忠孝相传万万年。

自从盛京往西移，百有余年到此时；

作此一种离乡曲，辛勤传与后人知。

关于《离乡曲》的说明：

该诗全名为《锡伯族由东北西移时之离乡曲》，叙事长诗，原文为汉文，计120行。作者锡济尔珲，字笔臣，锡伯营正红旗牛录人（今察布查尔锡伯自治县堆齐牛录）。该诗用热情豪放的笔触讴歌了1764年一部分锡伯军民由东北西徙伊犁的壮举以及他们西迁后戍边屯垦的情景。

锡济尔珲于在光绪五年由骁骑校升任防御，光绪七年升任佐领。光绪九年移至伊犁新满营，被授任协领。光绪三十二年，赏副都统衔，并授任伊犁索伦营领队大臣。此前也曾署理厄鲁特营领队大臣。他在新满营期间，招锡伯子弟在自己府下，教授汉语，培养了一批满汉兼通的优秀学生，故将辛亥革命后在锡伯营正红旗创办的兴学会所办学校便取名为“锡公学校”。他在惠远城公务期间，广泛接触有关典籍、文献、档案等，创作了这部有名的《离乡曲》。

二、《西迁组画》

《西迁组画》，又称《锡伯族西迁征途组画》，是年届85岁的锡伯族画家贺耶尔·兴谦，花费五十余年的心血创作出的描述锡伯族西迁历程的系列油画,共24幅,每幅画都分别附有用锡伯文和汉文创作的介绍该幅油画内容的诗作。系列油画创作完成后,多次在北京、乌鲁木齐等地和察布查尔锡伯自治县举办西迁节活动期间展出,成为介绍和宣传锡伯族西迁历史和国内外游客了解锡伯族历史的主要展品。该项系列油画现已由国家民族博物馆收藏。

《西迁组画》各幅画的内容分别是第1幅:沈阳家庙送别餐;第2幅:离乡别亲故土发;第3幅:壮士西迁辽河桥;第4幅:西行越大兴安岭;第5幅:荒漠被困探出路;第6幅:北渡克鲁伦河流;第7幅:徒步克鲁伦大陆;第8幅:翻肯特山游库伦;第9幅:横穿蒙古草北路;第10幅:抵达乌里雅苏台;第11幅:西迁征途刑场严;第12幅:乌里雅苏台遭灾;第13幅:扎布军河畔联欢;第14幅:阿勒泰雪崩被困;第15幅:南渡尔齐斯大河;第16幅:夜闹额敏河之畔;第17幅:受博乐人民欢迎;第18幅:绕赛里木湖登山;第19幅:修路搭桥进伊犁;第20幅:瞭望伊犁笑开颜;第21幅:将军视察锡伯营;第22幅:履冰踏雪迁河南;第23幅:勘察地形初开荒;第24幅:锡伯西迁征途路线图。

上述组画以西迁路途中发生的各种不同事

件为对象，真实生动的描绘出乾隆二十九年(1764)4000余名锡伯族军民受朝廷之命，离乡别亲，从东北辽沈地区出发，横穿蒙古北路，越千山，涉万水，终于抵达戍边之地——伊犁的全过程，具有重要的历史价值和现实意义。

三、《大西迁》(六集电视纪录片)

六集电视纪录片《大西迁》于2011年5月16日至21日，在中央电视台纪录片频道(CCTV-9)连续播出。该纪录片由中央电视台著名主持人焦建成(锡伯族)主持并编导拍摄。

《大西迁》的主要内容：该片讲述的是发生在清朝乾隆二十九年(1764)农历四月十八日，4000多名锡伯族官兵及家眷，带着火种和稻种告别东北故乡，辗转漠北草原行程一万多公里到达新疆伊犁河畔，完成了一次历史性的大迁徙，创造了屯垦戍边的丰功伟业，奇迹般地保留了民族特性和传统文化。

《大西迁》的历史背景：清朝乾隆二十四年，平定准噶尔部和大小和卓叛乱后，为了巩固新疆天山南北的统一局面，确保领土的完整，抵御外来侵略，清政府先后从东北和漠南蒙古等地抽调了八旗满洲、达斡尔、察哈尔、鄂温克和锡伯官兵远赴新疆戍边。其中，锡伯族官兵一千多人，从辽宁沈阳携带家眷近四余千人，于乾隆二十九年(1764)四月十八日在沈阳的锡伯家庙相聚送别，农历四月十九日从沈阳出发，横穿北部蒙古草原，翻越阿尔泰山向南，行程一年零三个月，行程一万多公里抵达新疆伊犁，完成了一次历史性的大迁徙。

锡伯族的西迁，是中国历史上的一个大事件。除了战略作用外，西迁还使锡伯族本民族语言文字得到保存，尤其是满文如今仍然被锡伯族使用，为研究清代历史提供了完整的史料保障。锡伯族西迁已经过去二百多年了，然而，西迁的历史壮举伴着民族的发展仍然在锡伯族中传颂。在党的民族政策关怀下，锡伯族在经济发展、社会进步、文化开发等方面得到了卓有成效地提高。作为创造这一历史的民族后代，也以祖先的光辉业绩为荣，以隆重的民族仪式纪念西迁历史。如今，每年的农历四月十八日(西迁节)已成为全国锡伯族的重要节日。

《大西迁》的主题立意：21世纪，在全球经济高度发展的同时，世界将面临重要的民族问题。因而，关注和颂扬各民族在中国历史上的功绩和作用，使各民族能与中华民族的根本利益形成休戚与共的紧密联系,有利于中华民族的凝聚力,更有利于促进中华民族伟大事业的繁荣发展。因此,纪录西迁历史,再现各民族同胞不惜骨肉分离,艰辛远徙的伟大牺牲精神,具有深远的现实意义。

《大西迁》共6集。各集主要内容:

第一集:寻找祖庙

1764年,一支锡伯族八旗军队带家眷从沈阳出发,经过一年多的万里行军,到达新疆伊犁。如今,察布查尔锡伯自治县的锡伯族民众就是当年西迁的清代军人后裔。

把时间向历史纵深推去三百多年,居住在盛京(今沈阳)的锡伯族被不断地南征北调。为了祈求远离故地、迁徙他乡的同胞平安,康熙四十六年(1707),锡伯族人在沈阳募捐修建了一座寺庙,起名“太平寺”,又称“锡伯家庙”。西迁新疆的锡伯族人到达伊犁18年后,在伊犁河边也修建了一座寺庙,起名“靖远寺”。两座寺庙意思相同,同为平安,在东西两地遥相呼应。

第二集:西迁岁月

1764年农历四月十九日清晨,1000多官兵带着家眷,披着清晨的浓雾,从盛京锡伯家庙出发。

为了顺利走过寸草不生的大漠,西迁领队带

领西迁官兵到处挖井找水。然而,干涸的沙漠根本找不到水源,他们只好按人口限量饮用,忍着饥渴艰难行军……

西迁队伍于1765年7月底到达伊犁绥定城。

当伊犁将军听到锡伯营到达的消息时,不敢相信这个事实。他被这支行动神速的西迁队伍震惊了。

1766年初冬,锡伯军民踏过冰冻的伊犁河,到达了最终的目的地察布查尔。一个英勇的民族,创造了一个伟大的传奇。

第三集:卡伦风云

这些承受着骨肉分离的痛苦、千里跋涉来到新疆的锡伯官兵,为的就是承担起防守边疆的重任。然而,在他们戍守边防一百多年后却要放弃卡伦,他们无法接受这个现实,丢失国土、失掉尊严的痛苦在锡伯营中持续了很久。

现在伊犁河南岸的边境沿线,还能见到几座残破的卡伦孤独地伫立于荒野中,承受着风雨的侵袭,承载着历史的见证。

第四集:嘎善往事

一条渠流淌着一个百年故事,一段回忆记录了一个历史变迁。

在察布查尔锡伯自治县风情园正门内,立着

一个高大的雕塑，是为200多年前带领锡伯营官兵修建察布查尔大渠的图伯特而立。他是西迁到新疆伊犁后的锡伯营总管。

围绕挖渠的争端，民间说法不一，但是，翻开徐松的《西域水道记》，我们从中便能看出一丝端倪。由于工程浩大，耗时费力，民众有怨气，图伯特则力排众议，数年后将渠修成，造福后代。

第五集：素花故事

锡伯族人从东北西迁到伊犁一百年后，由于清朝腐败，引发了各地大范围的农民起义。起事首领苏丹汗调集了军队，并对伊犁河南岸八个牛录实施围攻。一时间，锡伯营危在旦夕，锡伯营总管不得不与苏丹汗和谈。在和谈中，苏丹的使者看中了锡伯族妇女素花。

为了挽救锡伯族，这个结婚不久的新媳妇素花答应改嫁苏丹汗。

一百多年来，素花像锡伯族的一个女神，保佑着族人的安全。虽然从来没有一份正式文献记录她的经历，素花却以最完美的形象留在每个锡伯族人的心中。

第六集：百年寻亲

近年来，常有新疆的锡伯族人到东北寻亲。

他们有的怀揣家谱，有的则凭着对祖先名字的记忆，在同姓锡伯族家谱里，不厌其烦地往返寻觅。

从锡伯庙分离的那天起，两地的锡伯族人走上了不同的生活轨迹，200多年来，生活在东北的锡伯族人没有了语言文字，但守护着故乡；西迁到新疆的锡伯族人虽然远离故土，却保留了传统和文化。不同的守护，共同的情感，将辽河和伊犁河的子孙连接了两个多世纪。

参考文献

[1]贺灵主编.锡伯族百科全书.乌鲁木齐:新疆人民出版社,1995.

[2]吴元丰,赵志强.锡伯族历史探究.沈阳:辽宁民族出版社,2008.

[3]佟加·庆夫.新疆维吾尔自治区非物质文化遗产代表作项目申报书·西迁组画(文本),2007.

[4]新疆锡伯语言学会网论文库.2012.

西迁节宣传推介人物谱系

概述：本章介绍研究发掘锡伯族西迁历史文化的作者及其主要作品（不涉及作者其他方面的作品），积极组织、宣传、推介西迁节的主要人物。

一、研究发掘西迁历史文化的作者及主要作品

顿吉纳，清代达斡尔族人，于光绪年间当兵来伊犁，生卒年不详。清道光六年(1826)，在锡伯族军民纪念西迁62周年之际，顿吉纳从惠远驻防地南渡伊犁河来到锡伯营镶黄旗(乌珠牛录)和正白旗(依拉齐牛录)参加农历"四一八"节日活动。当日，两个牛录的军民在一三牛录交界的风景区水磨沟聚会，共同纪念本民族的农历"四一八"传统节日。在酒兴意浓之际，年已古稀的顿吉纳触景生情，诗兴大发，即兴写下诗作《顿吉纳》。该诗(又名《顿吉纳见闻录》)满文手抄本，十段40行，现已搜集到的有六册六种版本，新疆民族古籍办于1989年整理出版。该诗描述清代锡伯族农历"四一八"传统节日举办情景。该诗最早用满文记录锡伯族农历"四一八"传统节日

锡伯族图书

的活动情况。

锡笔臣(1842—1910),又名锡吉尔珲,原锡伯营正红旗(今察布查尔锡伯自治县堆齐牛录)人,曾任伊犁索伦营领队大臣,被授予“副都统”衔。1914年在锡伯营正红旗(四牛录)创办的一所公校,就以他的名字命名为“锡公学校”。锡笔臣生前用汉文创作过许多文学作品,但保存下来的不多,幸存的遗作只有一部《离乡曲》,全名为《锡伯族由东北西移时之离乡曲》,叙事长诗,原文为汉文,计120行。该诗讴歌了乾隆二十九年(1764)一部分锡伯军民西迁伊犁的壮举,以及西迁后的屯垦戍边情景。

萨拉春(1895—1960),察布查尔锡伯自治县依拉齐牛录人,建国后任新疆(省、自治区)历届政协委员、常委。少年时期曾赴俄国学习俄语和其他专业知识。1913年在伊宁市组织成立锡伯族进步文化团体“尚学会”,“尚学会”在依拉齐牛录创办一所“色公学校”,开创新式学校的先河。1924年任锡伯营领队,1926年任中国新疆驻苏俄阿拉木图领事,1936年第二次任新疆省政府驻苏安集延领事。1946年在伊宁市组织成立锡(伯)、索(伦)文化促进会,创办我国首份锡伯文报纸《新路报》(该报后更名为《新生活报》,即现在《察布查尔报》前身)。1947年和同仁们一起对满文阿字首及其书写方式进行改革,创制锡伯文,并编写《锡伯语简史》《锡伯语文法》等专著。

管兴才(1885—1963),察布查尔锡伯自治县堆齐牛录人。翻译或创作多部作品,代表作《西迁之歌》,原文锡伯文,计500余行。民间存有多种唱本被谱曲演唱。该部史诗从锡伯族军民离别故乡锡伯家庙写起,描述西迁征途上的艰辛历程,西迁后驻守卡伦和开渠屯垦、建设家园的整个历史进程。

穆旭东(1905—1985),察布查尔锡伯自治县孙扎齐牛录人,原伊犁哈萨克自治州农科所干部。退休后回老家从事古典文学名著《红楼梦》的锡伯文翻译工作,达100多万字,1992年由新疆人民出版社出版。1998年锡伯文《红楼梦》荣获全国首届满文研究优秀成果奖。

舒慕同(1915—),新疆伊宁市人,原新疆维吾尔自治区民族事务委员会副主任、党组成员。曾任第一届乌鲁木齐市锡伯语言学会会长。著有《莲花妈妈》《清末民初锡伯青年留俄留苏记事》(锡伯文回忆录)等及有关锡伯族历史文化的论文、文史资料、诗歌多篇。创作歌曲《三十四个巴图鲁》(又称锡伯骑兵连之歌)。编有《锡伯语法》讲义。

肖夫(1924—1992),察布查尔锡伯自治县乌珠牛录人,原新疆社会科学院副研究员。著有《锡伯族简史简志合编》《锡伯族简史》《锡伯族历史资料汇编》《锡伯族历史资料拾零》(锡伯文)等。参与编写《东北地区锡伯族简志》。发表《锡伯族族属浅析》《锡伯族早期社会组织及其经济生活》《新疆的锡伯族》《略谈锡伯族的西迁及其历史贡献》《图伯特倡导修建察布查尔大渠的功绩》《塔城地区锡伯族社会历史调查报告》《哈什胡里氏谱书序文》《有关锡伯族西迁的历史档案译文》等论文。

安俊(1927—),察布查尔锡伯自治县爱新舍里镇乌珠牛录人,原中国社会科学院民族研究所研究员。合著《锡伯族迁徙考记》(译成德文在德国出版)、《锡伯族简史》(锡伯文)等。审订《满文讲义》《锡伯语语法》《汉锡简明对照词典》《满汉大辞典》《满文教材》等。

郭基南(1923—),察布查尔锡伯自治县依拉齐牛录人,原新疆作家协会副主席,锡伯族著名作家。发表各种体裁的作品400余万字。著有诗集《心之歌》《乌孙山下的歌》《情感的火花》等,散文集《准噶尔新图》《箭乡的子孙》《锡伯族》《摘星人》,反映西迁历史的长篇小说《流芳》(荣获第二届中国民族图书奖二等奖),剧本《在原野上》《察布查尔》等。

忠禄(1932—),察布查尔锡伯自治县堆齐牛录人,原新疆民间文艺协会副主席、研究员,第二届新疆锡伯语言学会会长,曾积极组织举办乌鲁木齐市西迁节活动。著有《锡伯族宗教与神话》《中国少数民族民间故事大系·锡伯族民间故事选》《三国之歌》锡伯文(合编),主编《锡伯族民间故事选》《锡伯族歌谣》等。发表《锡伯族文学概况》《锡伯族萨满歌舞与巫术的表现形式》等论文20余篇。

苏富林(1924—1997),察布查尔锡伯自治县堆依齐牛录人,生前为特克斯县运输公司经理。退休后收集整理锡伯族民间故事60余篇、民歌300余首、锡伯族240多个历史人物等近80万字的锡伯族历史文化资料,将以上资料汇集成册,自费印制发行7集起名为《滴水成宝》的油印刊物。1983年新疆维吾尔自治区首届民间文学作品评选中,《滴水成宝》荣获二等奖。搜集整理出版《锡伯族民间故事》《锡伯族名人录》等。

苏德善(1931—),察布查尔锡伯自治县乌朱齐牛录人,退休前任伊犁师范学院工会副主席。

发表《试论锡伯族固有语言与满语的关系》《论满语和锡伯语的关系》《简谈锡伯族欢度春节的习俗》《喀什噶尔之歌》《锡伯族习俗陈说》《伊犁辛亥革命中的锡伯族》等论文。

文秀(1925—1965),察布查尔锡伯自治县堆齐牛录人,著名作曲家,在他短暂的一生中创作和改编近70余首歌曲,为后人留下了珍贵的音乐文化遗产。他创作的歌曲旋律优美动听,具有浓郁的民族特色和地域音乐特点。主要作品:《我们美丽的察布查尔》《觉罗家的姑娘》《打猎歌》《我亲爱的母亲——察布查尔》,改编《昏暗的油灯下》《亚琪纳》《枯树发了新芽》《拉西贤图之歌》等。

何耶尔·兴谦(1926—),察布查尔锡伯自治县爱新舍里镇三牛录人,民间作家、诗人、画家和历史学者。创作24幅西迁组画,用高超的油画艺术再现了锡伯族的西迁屯垦戍边历史。还创作《喀尔莽阿》《忆素花之吟》《西迁征途》《生活史鉴》等60余万字锡汉对照叙事长诗,和《海兰格格》《艾辛托浑》《博比鄂伦》等对唱长诗。

伊津太(1925—2009),察布查尔锡伯自治县孙扎齐牛录人。长期在新疆教育出版社、察布查尔报社工作,曾任新疆锡伯语言学会秘书长。用锡伯文发表《四一八简史》等文,系统地介绍了20世纪40年代举办西迁节的情况。

塔琴台(1930—),察布查尔锡伯自治县依拉齐牛录人,原察布查尔锡伯自治区文化馆副馆长、副研究馆员。编导《蝴蝶舞》《锡伯族古典舞》《积肥舞》等。创作锡伯族歌曲《歌颂共产党》《积肥歌》等。搜集整理出版《锡伯族民间歌曲集》《锡伯族创作歌曲集》《锡伯族汗都春》等。参与编写《中国民歌集成·新疆卷锡伯族部分》《中国曲艺音乐集成·新疆卷锡伯族部分》《中国民间舞蹈集成·新疆卷锡伯族部分》等。发表论文《锡伯族民间音乐》等。

英林(1937—),察布查尔锡伯自治县纳达齐牛录人,曾任察布查尔锡伯自治县地名委员会副主任、地名办主任、县史志办主任。发表《锡伯族西迁路线新探》,对锡伯族的西迁路线进行了考证。主编《察布查尔锡伯自治县政区历史沿革》《各类重要地名概况》《地名卡片资料》《标准地名总册》,标绘《察布查尔锡伯自治县地名图》等。发表论文《锡伯语地名构词模式浅析》《察布查尔一名考辨》《散论察布查尔地名景观的区域性特征》《地名图志编纂浅说》《清代锡伯八旗》《锡伯族宗教信仰闻见点滴》《清代锡伯营驻守卡伦考》

《关于三区革命锡伯骑兵连片断回忆》《祭颂图伯特文选译》等。

吴元丰(1956—),察布查尔锡伯自治县扎库齐牛录村人,中国第一历史档案馆满文部主任、研究馆员。主持编译出版《锡伯族历史探究》《清代锡伯族档案资料选编》《锡伯族档案史料》等多部著作,发表《锡伯族西迁概述》等论文,对锡伯族的西迁文化进行历史考证,提供了有力佐证。

佘吐肯(1943—),察布查尔锡伯自治县堆齐牛录人,原伊犁师范学院副教授。翻译关兴才所著锡伯族叙事长诗《西迁之歌》,该译作于1981年分别荣获新疆维吾尔自治区和全国少数民族文学创作一等奖。另有代表作歌曲《世世代代铭记毛主席的恩情》(歌词作者),翻译锡伯族叙事长诗《喀什噶尔戍边歌》《送瘟神》《金桥颂》等。

赵春生(1947—2005),察布查尔锡伯自治县爱新舍里镇依拉齐牛录村人,生前任县文化局文艺创作室主任。创作锡伯族歌曲《沙枣树下》《唱给母亲的歌》《我们锡伯人》和舞蹈音乐《蝴蝶舞》《古代锡伯猎人》等,这些歌曲经常在西迁节纪念活动中传唱。搜集整理锡伯族民歌数百首,以及民间故事和汗都春曲目等民间资料,为后人留下珍贵文化遗产。

焦建成(1957—),新疆伊犁巩留县人,祖居察布查尔锡伯自治县纳达齐牛录村,中央电视台社教中心专题部《中华民族》栏目编导、主持人。2005年起拍摄六集纪录片《大西迁》,该片于2011年5月16日至21日,在中央电视台纪录片频道(CCTV-9)连续播出。1989年应聘担任中央电视台与日本TBS电视台合拍的大型纪录片《望长城》主持人。曾在大型纪录片《中华之门》《三国路上的故事》《中国小城镇》等片中担任节目主持人。

广春兰(1940—),察布查尔锡伯自治县纳达齐牛录村人,国家一级导演,享受国务院政府特殊津贴的国家级优秀专家。2012年拍摄数字电影《箭乡少女》,系统介绍锡伯族的弓箭文化和民俗风情。拍摄《不当演员的姑娘》《热娜的婚事》等20余部电影,先后荣获“五个一”工程奖、文化部“优秀影片荣誉奖”、广播电影电视部“优秀影片奖”、第八届“金鸡”特别奖、上海农业电影节优秀影片奖、哈尔滨冰雪电影节优秀影片奖、土耳其伊斯坦布尔国际电影节优秀影片奖等多个奖项。

佟玉泉(1937—),察布查尔锡伯自治县乌珠牛录人,原新疆新疆社会科学院图书馆副馆长。

合编《汉锡简明对照词典》《满语入门》《劝学篇》《锡伯族民间散存清代满文古典文献》《锡伯族百科全书》等。发表《锡伯语述评》(俄译汉)、《伊犁塔城地区锡伯族萨满教现状简介》(俄译汉)、《萨满教及其神像》(俄译汉)、《锡伯族语言文化俄罗斯档案资料》(俄译汉)等论文。

贺灵(1956—),察布查尔锡伯自治县乌珠牛录人,现任新疆人民出版社汉编部编审。搜集整理叙事长诗《西迁颂》,该诗长达300余行,较全面地反映了锡伯族的西迁历程和戍边屯垦历史。撰写出版《锡伯族历史与文化》《锡伯族研究》《锡伯族史》《锡伯族习俗志》《最美的还是我们新疆·察布查尔锡伯自治县》《历史民族文化》《锡伯族民间信仰与民族社会》等。编辑出版《西域研究书目》等20余部。主编《锡伯族百科全书》《锡伯族资料辑注》《锡伯族文化精粹》等。搜集整理出版《来自辉番卡伦的来信》《锡伯族濒临危传统文化图典》《锡伯族民间残存清代满文古典文献》、《锡伯族濒危朱伦文化遗产》(五册)、《三国演义》(满汉对照)、《西游记》(满汉对照)、《水浒》《异域录》等满文和锡伯文古籍文献。发表论文100余篇,计100余万字。

佟加·庆夫(1945—),察布查尔锡伯自治县堆齐牛录村人，新疆维吾尔自治区民族语言文字工作委员会研究员、原科研中心主任。自治区优秀专业技术工作者。新疆锡伯语言学会第三、四届秘书长，第七届副会长。编制《锡伯族西迁节》《锡伯族贝伦舞》《锡伯族弓箭制作技艺》《锡伯族刺绣》《锡伯族婚俗》等5个国家级和《锡伯族汗都春》《锡伯族萨满歌舞音乐》《锡伯族朱伦呼兰比和更心比》等18个自治区级非物质文化遗产代表作项目申报书文本。编制《察布查尔锡伯自治县文化产业发展规划》和《察布查尔锡伯族文化生态保护实验区总体规划》。著有《西域锡伯人》《锡伯族非物质文化遗产代表作》《锡伯族风情录》《中国少数民族风情游·锡伯族》《锡伯族礼仪文化》《中国锡伯族之星》（总编）等著作。发表小说40余篇，论文60余篇，锡伯族电视专题片撰稿27集，创作歌曲（歌词）10余首。搜集整理翻译锡伯族民歌、民间故事200余首（则）等。主持研发锡伯文（满文）办公系统和排版系统软件。担任新疆锡伯语言学会秘书长（1988—1996），期间曾多次组织举办乌鲁木齐市的西迁节纪念活动。

佟克力（1952—），察布查尔锡伯自治县爱新舍里镇乌珠牛录村人，原新疆社会科学院历史研究所副研究员。著有《锡伯族历史与文化》《锡伯族研究》(合编)、《锡伯族史》(合著)、《锡伯族文学历史论文集》《锡伯族习俗志》《新疆历史资料》《中国锡伯族》等著作,发表《锡伯族丧葬习俗初探》《锡伯营与塔尔巴哈台新满营的组建》多篇论文。

佟连福(1941—),霍城县伊车嘎善村人,原霍城县志办编辑。发表《霍城县锡伯族发展概况》《霍城县锡伯族概论》《论锡伯语东、西方向词》等论文。1994年察布尔锡伯自治县成立40周年之际,参与编写《锡伯族民间图案集》。

佟林清(1949—2010),生前任伊犁哈萨克自治州文联党组副书记。著有《岁月没有栅栏》(锡伯族风情小说集)《屯垦戍边话锡伯》《当代锡伯族小说、散文、诗歌选编》《锡伯族风情录》(合著)等。主持拍摄《走进锡伯族》(十集电视系列片)等。

永志坚(1944—),察布查尔锡伯自治县乌珠朱录人,原新疆维吾尔自治区古籍办公室副主任,新疆锡伯语言学会第五届秘书长、第七届会长。搜集整理锡伯文、满文古籍270余册(件)。整理编辑出版《旧清语词典》《敦吉纳见闻录》《西厢记》《六部成语》《诗经》《萨满神歌》《锡伯营职官年表》《聊斋志异选译》(上、中、下三册)等。主编《锡伯族研究文集》(第一辑)等。审订《锡伯语语汇》《锡汉教学词典》《锡伯语文》(第六册)等。参与编纂《汉锡大词典》等。发表《浅议锡伯营滋生银》《图伯特姓氏与旗藉考》等论文。翻译第一部锡伯语电影《但愿人长久》等。

葛丰交(1954—),新疆巩留县人,新疆维吾尔自治区民族事务委员会(宗教局)民族宗教丛书编辑室主任、研究员。著有《中国民族人口(四)》《中国少数民族》(修订本)、《新疆锡伯族风俗文化》《锡伯族民俗文化》《锡伯族教育的历史、现状与对策研究》等。发表论文多篇。

安德海(1958—),笔名拙木豪格,新疆伊宁市人,曾任新疆西部大方向文化传媒有限公司董事长、总经理,兼《西部建设》报社社长、总编辑。新疆锡伯语言学会常务理事。著有长篇叙事长诗《西迁组诗》,全诗共10章,约300行。在新疆锡伯语言学会成立30周年之际,编辑和拍摄向学会成立30周年的献礼作品《光荣与梦想》(大型画册)和《黾勉同心三十年》(电视宣传片)。参与策划并担任文案创意并撰稿:新疆锡伯语言学会的《新疆锡伯族民间音乐艺术荟萃·关永兰专辑》(DVD歌碟)、《新疆锡伯族民间音乐艺术荟萃·萨满音乐歌曲专辑》(DVD歌碟)、《郭笑媚锡伯族民歌演唱集》(DVD歌碟)等。

苏崇安(1945—),察布查尔锡伯自治县爱新舍里镇依拉齐年牛录村人,原察布查尔锡伯自治县文化馆馆长、副研究馆员,西迁节自治区级名录项目传承人。著有《新疆锡伯族艺术人名录》。搜集整理和发表锡伯族民歌100多首,创作《嘎善新曲》《察布查尔圆舞曲》《故乡的晚霞》《玫瑰花》《金色的嘎善》等20余首歌曲,发表《锡伯族民间音乐、民间舞蹈简介》《西陲卫士》《弓箭与锡伯族》《祖国最西端的八个牛录》《给毛主席当过翻译的锡伯人》等论文40余篇。

贺元秀(1958—),察布查尔锡伯自治县依拉齐牛录人,伊犁师范学院成教院教授,硕士生导师。曾任伊犁哈萨克自治州西迁文化学会会长、名誉会长。著有《锡伯族文学简史》,主编《锡伯族文学作品选》等。

阿苏(1962—),又名苏仲明,察布查尔锡伯自治县堆依齐牛录人,察布查尔锡伯自治县文学艺术界联合会专职副主席。发表剧本、小说、诗歌、散文、歌曲等300多首。著有《走进锡伯族》一书。

关英杰(1942—),察布查尔锡伯自治县孙扎齐牛录人，曾任巩留县塔斯托别乡中学校长。发表《巩留开发100年》等文章，用锡伯、汉文发表多篇介绍巩留县锡伯族的历史与文化。

白友寒（1907—2000），辽宁省凤城县沙里寨乡二道洋河村人，生前为沈阳市人民政府聘为沈阳市文史研究馆馆员、辽宁省锡伯族史学会顾问，任《沈阳锡伯族志》编辑组组长及编委。著有《锡伯族源流史纲》，系统介绍锡伯族的历史。1986年9月，以80高龄参加新疆伊犁锡伯族召开的“锡伯族历史、语言文学、文学艺术研讨会。

韩启昆（1925—2009），辽宁省沈阳市于洪区马三家镇边台村人，原沈阳教育学院教授。发表《锡伯族西迁戍边路线图解》《锡伯族的源流与迁徙》等文章，依据大量历史资料，对锡伯族的西迁路线做了较精确的考证。参与编写《沈阳锡伯族志》《辽宁省志·少数民族志》《中国少数民族文化大词典·锡伯族卷》《锡伯族图录》《锡伯族轶事史话》《锡伯族文选》及论文《喜利妈妈崇拜及其与佛妥妈妈的区别》《边台哈什呼里氏（韩）家谱研究》《寻亲联谱庆团圆》等。

关宝学（1936—），辽宁省沈阳市新城子区兴隆台锡伯族镇盘古台村人，曾任中共沈阳市铁西区政法委书记，辽宁省锡伯族史学会副秘书长、会长，沈阳市锡伯族联谊会秘书长。主编出版《锡伯族民歌集》《锡伯族民间故事集》《锡伯族诗歌》和《锡伯族谚语集》等。组织举办沈阳市西迁节纪念活动，在沈阳市四次组织召开有关锡伯族历史文化学术研讨会，数次带团来新疆进行考察，并参加学术研讨会和西迁节纪念活动，为在辽沈地区宣传推介锡伯族西迁历史文化和西迁节做出了突出贡献。

扎·藏布（1928—2004），黑龙江省人，原沈阳美术学院教授。1982年创作《西迁》壁画，在北京展出（民族大家庭画展），荣获最高荣誉大金果奖，并入选《中国壁画选集》。

关柏春（1965—），黑龙江省人，微雕艺术家。锡伯族叙事长诗《西迁之歌》《辉番卡伦来信》《喀什噶尔之歌》等的奇石微雕作者，将《西迁之歌》以微书形式雕刻在这56块五颜六色的石头上，做成艺术精品，微书作品现已由国家民族博物馆收藏。文化部曾在人民大会堂举办“关柏春石上微书《西迁之歌》艺术作品展”。

关捷（1936—），沈阳市苏家屯文成堡村人，大连民族学院教授、大连市锡伯族学会会长。享受国务院特殊贡献待遇专家。著有《中国近代史》《甲午中日海战史》《甲午中日陆战史》等多部著作。审阅《锡伯族史论考》《沈阳锡伯族志》《丹东锡伯族志》。主编《辽宁省民族志·锡伯族篇》《图说辽宁锡伯族》《中国锡伯人》等。

华肖昌(1956—),察布查尔锡伯自治县纳达齐牛录村人,2000年以来作为文化使者,在沈阳市教授和推介锡伯语言文字和舞蹈、民族器乐。编导四幕历史舞剧《西迁之歌》、八场大型原生态组歌舞《走出大兴安岭的锡伯人》等。编导舞蹈《蝴蝶舞》《古代锡伯猎人》《望断天涯路》《额木琴舞》《嘎善青年》《赵家姑娘》《锡伯族艺术服装——嘎善里飞出的彩蝶》、声乐作品《锡伯新歌曲》及诗作《舞者之思》等。

吴克尧(1949—),辽宁省沈阳市苏家屯北营子村人,黑龙江省民委民族研究所北方民族历史研究主任、哈尔滨市锡伯族联谊会副会长兼秘书长、黑龙江省锡伯族研究会副会长。出版《锡伯族》《锡伯族历史新解探》《锡伯族论文集》《吴扎拉氏锡伯族》等论著,在黑龙江地区宣传推介锡伯族历史文化和西迁节。

二、西迁节活动的主要组织者、宣传者和推介者

国文(1952—),察布查尔锡伯自治县堆齐牛

录村人，原察布查尔锡伯自治县政协副主席。1982年，在辽宁大学进修期间，向当地锡伯族同胞和民族事务部门宣传、介绍锡伯族的西迁历史和文化，促成了1983年沈阳市锡伯族同胞在北陵公园举行有史以来的第一次西迁节纪念活动。由此始，西迁节纪念活动逐渐向东北三省普及，当地的锡伯族人开始每年举办西迁节纪念活动。国文是在沈阳市宣传推介锡伯族西迁节的第一人。

何新民（1937—），锡伯名卡尔塔力，察布查尔锡伯族自治县爱新舍里镇乌珠牛录村人，原自治区新华书店基层指导科科长。曾任乌鲁木齐市锡伯语言文字学会秘书长，每年都组织举办锡伯族西迁节纪念活动。曾利用业余时间组织举办锡伯族子女学习锡伯文的学习班。

贺忠德（1948—），察布查尔锡伯自治县爱新舍里镇依拉齐牛录村人，原新疆维吾尔自治区民族事务委员会（自治区宗教局）副主任、党组成员。任第六届新疆锡伯语言学会会长期间，每年组织举办鲁木齐地区锡伯族的西迁节纪念活动。主编《宗教问题理论与政策通俗读本》《新时期民族与宗教政策法规选编》《中国少数民族古籍总目提要·锡伯族卷》等，发表《锡伯族西迁节简介》等文章。

文林(1928—2009),察布查尔锡伯自治县堆奇牛录人,生前曾任新疆维吾尔自治区人民政府参事室副主任。1986年任伊犁哈萨克自治州人大常委会副主任期间,组织成立伊犁哈萨克自治州锡伯族历史文化、语言文字、文学艺术研究学会,任会长,期间组织召开全国锡伯族学者参加的有关锡伯族历史文化、语言文字、文学艺术研讨会。第三届新疆锡伯语言学会会长,期间在乌鲁木齐市组织举办了首次双语学习研讨会,锡伯族爱国历史研讨会,加强民族团结、学习锡伯骑兵连和134位英雄事迹研讨会等学术活动。搜集整理锡伯、汉两种文字的《锡伯营营歌》。

班吉苏(1936—),察布查尔锡伯自治县依拉齐牛录人,原新疆维吾尔自治区民族事务委员会副主任,第四、第五届新疆锡伯语言学会会长,期间积极组织举办乌鲁木齐地区的西迁节纪念活动。著有《新疆锡伯族双语教学情况调查与思考》等文。

赵德明(1931—),新疆尼勒克县喀拉苏村人,原新疆维吾尔自治区民族事务委员会办公室副主任,新疆锡伯语言学会第二届至第五届副会长,第六、七届秘书长。在学会工作26年,主管学会财务和后勤服务工作。每年都组织举办乌鲁木齐地区的西迁世纪念活动，每一次节日活动都离不开他的参与，是乌鲁木齐地区锡伯族文化活动的历史见证人。

郭向阳(1967—)，察布查尔锡伯自治县扎库齐牛录村人，新疆华凌集团党委书记，第八、第九届新疆锡伯语言学会会长，期间每年组织举办纪念西迁节、春节联欢会、青年联谊会等活动。通过节日和联谊的方式宣传推介，乌鲁木齐市的西迁节纪念活动已成为本地区颇具影响力的少数民族节日活动之一，每年的西迁节纪念活动都有自治区和乌鲁木齐市的有关领导前来祝贺。组织乌鲁木齐地区在职锡伯族干部和学生在业余时间学习锡伯文，并使之常态化。

顾克明(1955—)，察布查尔锡伯自治县纳达齐牛录村人，第八、九届新疆锡伯语言学会秘书长、新疆锡伯语言学会网主编。主持新疆锡伯语言学会日常工作，积极组织举办乌鲁木齐地区的西迁节纪念活动、春节联欢会、青年联谊会活动并组织召开各种座谈会、纪念会等，并通过网络及时进行宣传。组团参加区内外有关锡伯族语言历史文化的学术交流活动，接待来新疆参加研讨会或考察访问的各民族专家学者和外国专家学者。组织开展募捐活动，捐助公益事业，帮助困难同胞等。

文小龙（1967—），察布查尔锡伯自治县堆齐牛录村人，新疆嘎善文化传播中心总经理、新疆锡伯语言学会副秘书长。近年来，挖掘搜集整理锡伯族传统文化和艺术资料，目前已收集到文字、图片、音频、视频等资料百余种。从事锡伯族非物质文化遗产名录的申报和保护工作，至今已申报成功国家级名录3项、自治区（省）级名录10项、地州（市）级名录27项。协同新疆音像出版社拍摄录制锡伯族歌曲MTV《西迁的路》、CD《伊犁河的思念》、郭笑媚民歌演唱专辑《呜呼哩》和锡伯族民间音乐艺术荟萃专辑《咱们锡伯人》等。参与编辑新疆锡伯语言学会成立30周年展示锡伯族文化画册《光荣与理想》和电视专题片《新疆锡伯语言学会辉煌30年》等。合作出版自治区级非物质文化遗产名录《锡伯族汗都春艺术》一书等。

关世忠（1945—），察布查尔锡伯自治县孙扎齐牛录村人，先后任伊犁师范学院办公室主任，伊犁宾馆总经理，伊犁哈萨克自治州教育局调研员，伊犁哈萨克自治州锡伯族历史、语言文字、文学艺术研究协会秘书长。1984年参加教育部在陕西师大举办的西北五省高校管理干部进修班期间，向时任陕西省委书记马文瑞请示并获准，组织举办西安市锡伯族同胞西迁220周年纪念日活动。这次活动在西安市引起强烈反响，陕西省电视台、陕西日报、西安晚报及各高校校刊、校报都做了报道。期间任制片人制作电视专题片《锡伯族青年在陕西》，在陕西电视台播放。关世忠是在西安市宣传、推介、组织举办锡伯族西迁节的第一人。

杨铁英（1950—），察布查尔锡伯自治县堆齐牛录村人，原伊犁哈萨克自治州政协专职常委。主编《伊犁州人口志》《锡伯族文史资料专辑》等，发表许多篇论文。近两年，杨铁英客居天津市，她利用这一机会，积极宣传、推介并组织在天津就读的锡伯族学生，联络相关部门和其他民族的人员，共同举办锡伯族西迁节纪念活动，吸引了各方人士积极参与，将锡伯族西迁文化推介到大城市。杨铁英是在天津市宣传、推介和组织举办锡伯族西迁节的第一人。

韩富清（1942—），新疆霍城县伊车嘎善锡伯乡人。代表伊车嘎善锡伯族多次参加在察布查尔锡伯自治县、伊宁市和乌鲁木齐市等地召开的锡伯族西迁历史文化学术研讨会，与人合著《伊车嘎善五十年》一书，发表不少论文。协助乡政府组织举办每年的西迁节纪念活动。

全雅山（1927—），辽宁省沈阳市新城子区小营子村人沈阳市人大常委会副主任，辽宁省锡伯族史学会理事长、名誉理事长。先后主持召开锡伯族历史研讨会和锡伯族民俗研讨会。曾率辽宁省代表团出席哈尔滨市锡伯族联谊会成立大会、并赴察布查尔锡伯自治县考察，为增进两地的交流合作做出了贡献。

关在汉（1933—），辽宁省法库县丁家房乡大泉眼村人。原辽宁省监察厅副厅长、沈阳市锡伯族联谊会理事长。曾在沈阳市组织召开全国首届锡伯族史和文化古籍研讨会，主编出版《锡伯族源流史纲》《锡伯族史论考》等著作。曾四次赴新疆和察布查尔锡伯自治县进行考察并参加西迁节纪念活动。

叶永成（1930—），辽宁省沈阳市新城子区兴隆台镇大营子村人，退休前任沈阳市国土办公室主任、高级经济师。曾任辽宁省锡伯族史学会副理事长兼秘书长、沈阳市锡伯族联谊会副理事长。收集太平寺——锡伯家庙的历史沿革、土地财产等方面的资料，为沈阳市政府恢复重建锡伯家庙提供了有力佐证。发表《锡伯人抓嘎拉哈的由来和玩法》《锡伯人为啥忌食狗肉》等论文。积极参与和组织沈阳市锡伯族西迁节和其他重大节日庆祝活动，以及锡伯族的联谊、考察、参观等工作。

那启明（1929—），辽宁省凤城县蓝旗乡蓝旗村人，原空军第三军政治部副主任、少将军衔。离休后任辽宁省锡伯族史学会副理事长、辽宁省锡伯族史学会大连分会副会长兼秘书长，积极从事锡伯族历史文化考察调研活动，先后六次来新疆参加学术研讨会和西迁节纪念活动并搜集资料。参与编撰《大连市民族志·锡伯族卷》《锡伯族在凤城》《东沟县锡伯族社会历史调查》《岫岩县锡伯族社会调查》，撰写出版《丹东锡伯族志》《锡伯族图录》等。2011年，在纪念锡伯族西迁节247周年期间，根据他长年搜集资料编写的《中国锡伯人》（上、下卷，约200余万字）一书出版发行。

蔡纯生（1929—），辽宁省沈阳市新城子区黄家乡大孤家子村人，原松花江林管局党委书记。退休后任黑龙江省锡伯族研究会顾问、哈尔滨市锡伯族联谊会名誉会长。曾五次率领省锡伯族代表团赴新疆、辽宁及大兴安岭林区的“嘎仙洞”考察、瞻仰，二次组织并主持由五省区（市）锡伯

1997年乌鲁木齐地区锡伯同胞欢度西迁节(新疆锡伯语言学会主办)

族专家、学者参加的锡伯族西迁历史文化学术研讨会。主持撰写《哈尔滨锡伯族》一书。发表《锡伯族今昔》《鲜卑后裔,源远流长——兼议锡伯族与满族是否同祖同源》《继往开来,再创辉煌——简析锡伯族人口居于高生活质量行列》《西迁成边精神,锡伯民族瑰宝》等论文。提出了提出"远学新疆,近学辽宁"的行动口号和"热爱祖国、无私奉献、开拓进取、团结友爱、自立自强"的西迁精神。

于世春(1926—),黑龙江省双城市公正乡康宁村人。曾任黑龙江省锡伯族研究分会会长、哈尔滨市锡伯族联谊会名誉会长。曾组织召开哈尔滨市锡伯族第一次农历"四一八"节日联欢活动,主持了四次锡伯族学术研讨会,率团参加沈阳市锡伯族学术研讨会、察布查尔锡伯自治县成立50年暨纪念西迁240年等大型活动。和其他省份锡伯族同胞建立联系，积极搭建起全国锡伯族人联谊、民族文化发展的桥梁。

关文（1952—），辽宁省法库县叶茂台乡当石山村人，曾任辽阳市锡伯族联谊会理事长兼秘书长。曾组织代表团参加沈阳市锡伯族联谊会举办的“四一八”西迁节活动，拜谒锡伯家庙等。两次随团来乌鲁木齐市和察布查尔锡伯自治县参加西迁节纪念活动和学术研讨会。多年来一直与新疆、黑龙江、吉林、北京、天津、大连、沈阳、抚顺等地的锡伯同胞保持友好往来，多次接待全国各地的锡伯族专家、学者和相关人员。编写《辽阳锡伯族资料选》。

贾常生（1966—），辽宁省沈阳市新城子区盘古台乡人，沈阳市沈北区兴隆台锡伯族镇党委书记。每年都在本镇内组织举办西迁节纪念活动，曾组织兴隆台锡伯族表演团在沈阳家庙进行演出。在他的积极运作下，2011年国家投入6000万元，在兴隆台锡伯族镇建立锡伯族文化生态园。数次来新疆，与乌鲁木齐市和察布查尔锡伯自治县的锡伯族同胞沟通和交流。

佟靖飞（1951—），辽宁省沈阳市人，原长春

2006年，纪念锡伯族西迁242周年暨成立伊犁州西迁文化学会庆典

市民委副主任。积极倡议成立长春市锡伯族联谊会、吉林省民俗学会长春锡伯族文化专业委员会、长春锡伯族艺术团。协助市民委筹备召开全市首次锡伯族纪念西迁节座谈会。先后赴沈阳市参加沈阳市纪念锡伯族西迁节庆祝大会，三次组团来新疆参加察布查尔锡伯自治县西迁240周年纪念活动和新疆锡伯语言学会召开的锡伯族爱国历史研讨会。与人合作制作《长春市锡伯族同胞赴察布查尔锡伯自治县成立50周年活动纪实》专题片（上、中、下三集VCD影碟一套），赠送给各地锡伯族同胞。与人合作编撰《长春锡伯族》，编印《锡伯族先祖群相谱》《吉林省榆树老河深村汉代拓跋鲜卑族墓葬出土的拓跋鲜卑神兽

鎏金铜牌饰简介》等史料。协助河北电视台卫视频道拍摄全国55个少数民族服饰专题片《缤纷霓裳·锡伯族卷》，协助吉林电视台拍摄制作《锡伯之歌》，与人合作制作《长春市锡伯民族团结进步活动纪实》《东西同源锡伯情》等。

参考文献

[1]苏崇安.《新疆锡伯族艺术名人录》政协察布查尔锡伯自治县委员会，2009.

[2]贺灵编.锡伯族文化精粹.乌鲁木齐：新疆新疆人民出版社，2009.

[3]贺灵，佟克力著.历史民族文化.乌鲁木齐：新疆人民出版社，2006.

[4]吴元丰，赵志强著.锡伯族历史探究.沈阳：辽宁民族出版社，2008.

[5]夏冠洲等主编.新疆当代多民族文学.乌鲁木齐：新疆人民出版社，2006.

[6]新疆锡伯语言学会网·人物库，2012.

濒危状况和保护规划

概述：本章介绍了西迁节民间仪式的濒危状况和原因、当前保护工作进展情况、今后的保护规划、保障机制和相关措施。

一、个案调查所获的濒危信息

2012年5月中旬，笔者会同国家级名录西迁节保护单位察布查尔锡伯自治县非物质文化遗产保护中心的3名非遗专职人员，先后对该县的乌珠牛录（一牛录）、依拉齐牛录（三牛录）、堆齐牛录（四牛录）、纳达齐牛录（七牛录）和扎库齐牛录（八牛录）就西迁节及其民俗事项的存续情况进行了个案调查

调查内容：该乡、村、居民点的概况与人文地理环境；该村落西迁节民俗事项的存续情况（老人回忆，相关作品、制品、实物等）；传承人情况（个人生平、对传承西迁节的情况及贡献、身体状况）等。

调查方式：采用在传承人所在地（以村为主，兼及个别采访）召开小型座谈会方式进行。

调查要求：坚持真实性、全面性、代表性的原则；“拾遗补漏”，对调查地点的人文地理环境、民俗情况、讲述者的讲述特别予以关注，对其当下的生存状态予以全面的记录。

采访（采集）方式：全面弄清该村落有关西迁节的总体情况；对被选定的讲述者、演唱者、表演者重点采访和记录，并在调查表上进行详细的登记和编号；调查人员分工记录（录音、照相、录像）；对记录下来的口述或文字材料，均在文本的

末尾署上下列几种背景材料：讲述者、演唱者、表演者的姓名及性别、民族、身份、年龄、文化程度、简历、居住地及联系地址等。采录者（包括翻译者）和随行者的身份、工作单位、文化程度、联系地址、采录地点、采录年月日等：所有记录的民间作品，一律按标识编码编号登记。

调查工具：笔记本电脑1台、摄像机1台、照相机1台、录音笔1支、小车1辆。

参加座谈会和接受个别采访的人员：各牛录（城镇）的知识老人、民间艺人，乡镇主管文化的领导、文化站负责人等，每村共约十余人。

通过此次调查，有关西迁节承载的诸多民间仪式正在消失当中，正在从日常生活中淡出，只留存在老人们的历史记忆中。主要表现在：

1. 鉴于民间存续的有关西迁节及其文化集成的资料都是由满文或锡伯文生成，受采访的讲述人都用锡伯语讲述，为此要求现场采访和记录的人员必须要用锡伯语录音，文字要用锡伯文记录，由此需要有一定数量精通锡伯文（兼及满文）的人员参与到民间调查、资料整理和翻译工作中来。但由于20世纪60年代至70年代，锡伯族中小学的锡伯文教学中断，出现直接向汉语过渡的行为，并受当前社会大语言文化的冲击，锡伯语

察布查尔锡伯自治县编制非物质文化遗产项目

和锡伯文的使用面越来越狭小，使用锡伯文的人数在明显减少等原因，目前50岁上下的锡伯族人民大都不懂锡伯文，或只懂浅层次的锡伯语和锡伯文，而精通满文的人更加稀少。加之在民间或用满文书写，或由锡伯语和锡伯文生成的口头作品失传情况十分严重，或被文物贩子倒卖，许多作品流失到境外，由此造成民间采访、资料搜集和建档等方面的诸多困难。

2. 西迁节的节日观念、内容和形式发生根本性变化。据接受采访的老人们讲，以前过西迁节时，往往是在一种悲壮的情绪里度过，节日本身也披上一层悲剧色彩，并无欢乐可言。又因为当时与东北的父老乡亲仍未沟通信息，在别离近两个世纪之后，两地同胞们仍未相见（1959年新疆的肖夫、吉庆等锡伯族历史考察团赴辽宁省时两地同胞才相认)。因而,在节日的特殊气氛里这种痛苦压抑的心理最容易挥发出来。

3. 西迁节承载的民间祭祀礼仪,个性化成分大量减少,大众化的共性成分大幅增加。比如,过去在西迁节期间磨制面粉,制作面酱,吃高粱米饭(拌鱼汤和酸奶),去河边吃新鲜鱼,到野外过节日等传统习俗已经荡然无存,在节日期间展示的本民族风味饮食也正在受到市场经济的刺激,正在从家庭妇女的锅灶中走出来,进入餐饮行业的竞争。还比如,过去每逢西迁节来临,各牛录都在寺院里举行庙会,举办诸如给"关帝磨刀"(意为像关云长那样忠义)、"向索木达神祈求安康"(意为祈求小孩无病无灾)、"向主管普天下生灵的娘娘神祈求多子多福"(意为人口繁衍),以及向祈年树祈求保佑等形式多样的带有宗教色彩的仪式,而与这种对神灵的虔诚和祈佑相伴相随的,则是红红火火跳神、射箭、摔跤、赛马、扭秧歌等文体娱乐活动。虚幻与现实、历史与宗教、历史与文化、宗教信仰与传统理念曾经交织在一起,给西迁节赋予向往与失落、欢乐与痛苦、追忆与思念、压抑与豪放并存的深层内涵。但此次调查所获情况表明,与过去相比一个明显的变化是:上述与西迁节相关的诸多民俗事项已基本从锡伯族人的日常生产生活中消失，只留存在70岁以上老人们的历史回忆之中。这给我们提供了一个非常危险的信号：这就是如果我们不抓紧时间进行抢救性搜集，那么在不久的将来，西迁节承载的民间仪式将会出现消亡的状况。之外，从讲述人讲述的情况看，对有些民间仪式已经讲述不完全，比较琐碎，不成系统，这说明他们的历史记忆也已经残缺不全了，留存在老人们的回忆正在成为历史碎片。

4. 西迁节承载的民间信仰基本上从现实生活中消失，也已成为历史记忆。比如，原始信仰（包括自然崇拜、动植物崇拜、祈年树崇拜、狐狸崇拜、萨满神祇崇拜等）；俗神信仰（关帝、娘娘崇拜及祭祀仪式）；祖先信仰（祖先供奉、喜林妈妈和海尔堪玛发供奉）；萨满诸神崇拜（万物有灵观念、萨满巫术与禁忌、跳神仪式、上察库尔仪式）；尔其、相通巫术（尔其是在索木达庙举行的送神仪式，相通则是在民间进行的占卜活动）；喇嘛教中的米安朱拉仪式、抛框仪式、祭星仪式、咒兆占厌胜（天文、地理、人情方面的兆谚）以及各种禁忌（婚姻、丧葬、礼仪、饮食中的禁忌）等都在成为历史回忆。

5. 西迁节承载的人生礼仪正在向现代转变。比如，传统婚俗（传统婚俗中的求亲、相亲、认亲、阿吉萨林、安巴萨林及扎拉额爷、奥父奥母、打丁巴等)、葬礼(报丧、吊唁、戴孝、守灵、入殓、安葬、非正常死亡人员的火化、丧事举行仪式、墓地选择、一七祭、二七祭、三七祭、七七祭、百日祭以及棺材、佛多、坊子、寿衣、寿鞋、寿褥的准备等)、礼节(屈膝礼、抱团礼、应答礼、打千礼、下跪和磕头等)、家谱及其家规家法等繁褥节已大为简化或向现代仪式转变。

6. 西迁节承载的民间知识正在消失。比如,农业(农耕生产流程、土地所有制形式、耕作方式、相关仪式、信仰与禁忌、岳西制及文书等)、林业(林业生态环境、所有权、林木种类、林业信仰、仪式与禁忌及相关习俗)、渔业(捕鱼与锡伯族农业生产的辅助关系、捕鱼季节、捕鱼方式、捕鱼工具,与捕鱼有关的习俗、信仰、禁忌、仪式、流变情况)、狩猎(狩猎季节、方式、工具、狩猎物,与狩猎有关的习俗、禁忌、仪式及流变情况等)、饲养业和畜牧业(牲畜种类、放牧情况、放牧工具、家畜家禽饲养情况,与饲养业和畜牧业有关的习俗、信仰、禁忌、仪式与流变情况等)、节气与习俗(观看日月星辰的习俗、与生产生活相关习俗和祭祀相关的习俗、各种禁忌等)、商贸习俗(民间易货贸易、民间酿酒、民间榨油等)、传统服饰(种类、衣料、头饰、首饰、脖饰、足饰等)、传统饮食习俗

（传统饮食的种类、烹调技术和保存食物的方法、饮食与健康、饮食与禁忌等以及锅盔、烧饼、吐尔哈芬、发面饼等饮食）、传统居住习俗（房屋种类、房屋结构、房屋与信仰、房屋与禁忌、房屋与环境、建造方法等）、交通习俗（道路与桥梁、陆上交通工具、水上交通工具、交通工具的制造方法与使用经验等）、天文、历法知识、民间习惯性常识、传统医药卫生（麻疹、天花病预防、居住卫生、保护水源等）、计量（秤、升斗、绳量等）方面的民间知识都正在逐渐消失之中。

7. 西迁节承载的传统医药，如接骨疗法、扎针（专治吃冷食引起的恶心、呕吐、头痛、出虚汗等）、火针（专治顽固性疼痛、风湿及肚哈哈纳、郭洛哈纳等）、奥多尔（土法治脑震荡）、拔火罐（专治感冒、风湿疼、顽固性肌肉疼等）、消炎（用凉性物品，牛粪、生蛇肉末、蛇油治疗等）、乳腺治疗（用木梳子慢慢梳乳房淤块，使之慢慢畅通，或用锅刷子往铁锅上敲三下，然后梳理）、民间药物（喇嘛药、民间偏方）、医药文献（察布查尔中草药）等已基本消失。

8. 西迁节承载的表演艺术和传统技艺等正在变异或消失。比如：民间文学类别中的神话、传说、民间故事、谚语、歇后语、谜语等已散落不全;曾有过的狩猎舞、射箭舞、荷包舞、面具舞、铁锹舞、铃铛舞、编席舞、偷窃舞、刀剑舞、马舞、猴子舞等民间舞蹈,以及与舞蹈有关的习俗、传说等已经消失,无处寻觅;生产工具制作(各类农具、水磨、酿酒作坊、榨油作坊等)、生活用具制作(摇篮、米顺制作技艺等)、交通工具制作(木轮车、雪橇等)、草织扎制(草席、笤帚、鱼娄及各种生活用具的编织等)、皮具制作(皮衣、皮袄、皮鞋、皮鞭、皮条等)、金属工艺(金银铜饰品)及其工艺流程(各种手工技艺的制作技术及制作过程)等也正在消失当中。

9. 西迁节承载的游艺、传统体育与竞技种类在大幅减少。比如荡秋千(已不多见)、放风筝(已基本不见)、打瓦拉(已不见)、儿童游戏艾曼占地(捉迷藏)、明明嘎尔嘎尔、抓老鹰、毛球游戏、发拉(雪橇)、马将、索颇尔(沙包游戏)、抓石头、踢毽子以及成人棋类游戏(羊围狼、走京城、卡塔游戏)、举重(举麻袋、抬石磙及其他重物)等的种类明显减少,已基本上无人游玩;特别是艾曼占地(捉迷藏)、明明嘎尔嘎尔、抓老鹰等古老的儿童游戏已消失;传统浏览活动(春季踏青、河边尝鱼鲜)也已罕见。

综上,造成西迁节所包含的民俗艺术濒危状

况的主因是:现代生活正对锡伯族人的传统生活方式产生强烈冲击,促使锡伯族人的生活习俗已经具有明显的现代性。特定的习俗依附于一定的生产发展水平,必将随着生产的发展、变革而有新的变革。特定的习俗还密切联系于一定的政治社会状态,随着社会的巨变,有所扬弃,有所推陈出新,也有所新的建树,因而锡伯族人在西迁文化中所保持的传统习俗也始终处在动态变化之中,其传统节日礼仪无论在形式上还是在内容上都发生了新的变化。外部世界的新风尚无论在形态上还是在内容上,都正在潜移默化地被吸收进来,改变着锡伯族人的思想观念、生活态度和生活方式。由此还可看到锡伯族人从原始的渔猎生活到八旗文化,从小农经济的庭院文化到接受全球化的科学文化知识,从单元文化到多元文化,不断地学习、反思,努力实践着由传统习俗向现代的转型,以更加开放的心理、积极进取的精神,改变着自己的习俗观念,扫除旧的思想意识和习惯势力的影响,从旧的壁垒中解放出来,对落后愚昧的习俗进行大刀阔斧地改革,实现着与现代文明的完全融合。又比如渔猎曾经是古代锡伯族的主要生活内容和谋生手段,现在演变成为农闲打鱼的一种生活习惯,原始的狩猎则演化成为农闲季节的一种集体娱乐活动。锡伯族的射箭有一千多年的历史，古代锡伯族作为一个打猎部族，曾经在生产、生活和防御外敌中主要依靠弓箭，自古以来就与弓箭解下不解之缘。在清代，弓箭成为履行戍守祖国边防任务、维护地方治安的主要武器，现在不但成为富有本民族特色的传统体育项目，而且为现代射箭竞技项目培养和输送许多优秀运动员。服饰文化方面的变化则更明显，过去的旗袍、马褂，妇女戴头饰、裹裤腿、穿绣花鞋等穿戴现已很少见到，代之以大众化的现代流行时尚。总之，以开放的心理吸收外来文化，使之与本民族的节日文化相融合，增添进来新的内容，是当今锡伯族西迁节及其节日文化的一个最显著的特点。

改革开放以来，西迁节的观念、内容和形式都发生了一系列新变化，出现了由痛苦到欢乐、由压抑到奔放、由本民族部分人到全民族成员踊跃参与、由民间举办到官方举办、由东北地区到西北地区在同一天的同一时刻举办、共同纪念和庆祝等新现象。这是因为在党的民族政策的光辉照耀下，在改革开放春风的沐浴下，锡伯族人民和全国各族人民一道，走上富裕发达之路，本民族各项事业不断繁荣发展。东北和新疆两地锡伯族同胞得以相聚，时隔近两个世纪的梦想终于成真，随着相互来往的日益频繁，民族情、同胞情、兄弟情不断加深。就拿乌鲁木齐地区五千余名锡伯族人的西迁节而言，每年的节庆活动都和往年不一样，规模一年比一年大，档次一年比一年高，每年的节庆活动都有自治区党政领导前来祝贺。由此西迁节所表现的不仅仅是一个传统，它还是一个颂扬爱国主义精神的涅槃，一种与时俱进的激情与向往，一道反映本民族先进文化的亮丽景观。

二、保护工作现状

2008年，国务院下发《国务院关于修改〈全国年节及纪念日放假办法〉的决定》。《决定》指出，民族传统节日是珍贵的非物质文化遗产，是中华

2012年西迁节，察布查尔锡伯自治县举办的贝伦舞万人展演获得上海大世界基尼斯纪录证书。

民族优秀传统文化的重要组成部分，凝聚着中华民族的精神和情感。要充分认识民族传统节日对弘扬以爱国主义为核心的民族精神，培养社会主义核心价值观，增强社会主义文化的吸引力和凝聚力的重要意义。要深入挖掘民族传统节日的文化内涵，充分展现和传承中华民族文化的优秀传统，将民族传统节日作为传统文化的重要内容融入国民教育和精神文明建设，使之成为展示优秀民族传统文化的重要平台，成为满足人民群众精神文化生活的重要渠道。要求各级文化行政部门要紧紧围绕民族传统节日的不同主题，结合本地区、本部门的实际情况，精心策划，制定切实可行的活动方案，会同有关部门和单位密切合作，共同组织民族传统节日期间的各项文化活动，努力营造家庭和睦、社会和谐、安定团结、欢乐祥和的喜庆节庆气氛。

2008年，中宣部、中央文明办、文化部、教育部、民政部、文化部发出的《关于运用传统节日弘扬民族文化的优秀传统的意见》。经过项目申报，察布查尔锡伯自治县确定为西迁节保护示范地，结合本地区的实际情况，精心策划，制定出切实可行的西迁节活动方案，会同有关部门和单位密切合作，共同组织西迁节期间的各项文化活动，努力营造家庭和睦、社会和谐、安定团结、欢乐祥和的喜庆节庆气氛。在西迁节期间，开展了具有鲜明地方特色的传统工艺、美术、音乐、表演艺术和民间习俗展示等为当地群众所喜闻乐见的节庆活动，体现人文关怀、增添节日魅力，展现民族传统文化的感召力和吸引力。积极利用和开发丰富的民族传统节日资源，广泛开展文化娱乐和节日活动，不断创新，丰富民族传统节日活动的内容和形式，突出地方性，保持民族性，体现时代性，使之与当代社会相适应、与现代文明相协调，推动本民族传统节日的保护与传承。加强对民族传统节日的研究和保护工作，通过记录、收集、整理与西迁节相关的文字、音像资料，建立完善的节日档案，积极探索保护本民族传统节日的措施和办法等，取得了良好成效。

2006年，西迁节列入国家级非物质文化遗产名录，2007年列入自治区级非物质文化遗产名录。自那以来，项目保护单位察布查尔锡伯自治县文化馆已经完成项目普查工作，制定了相关保护工作措施和保障机制，初步建立了名录档案和代表性传承人档案，并建立了非物质文化遗产数字化制作室，相关保护工作根据国家和自治区的要求正在有序进行当中。之外，当地政府部门每年都举办大型西迁节纪念活动，对西迁节名录的保护起到了极大的助推作用。2012年初,察布查尔锡伯自治县建立了3个国家级、1个自治区级名录的基层传习所(中心),将其作为国家级和自治区级名录的保护与传承终端,延伸到代表性传承人所在乡镇进行保护和传承,目前正在制定相关的保护规划、措施并正在落实保护场地及硬件配套设施。

近几年来,西迁节保护示范地察布查尔锡伯自治县,以政府名义连续举办大型西迁节纪念活动,邀请区内外同胞和知名人士参加,极大提高了西迁节的知名度和宣传面,为国家级非遗名录西迁节的保护与传承工作注入了强大的活力。所做西迁节的主要保护工作如下:

1. 西迁节的保护工程本着“保护为主、抢救第一、合理利用、传承发展”的原则,主要通过对特色节庆活动和民俗文化内容及其生存环境进行保护的方式进行,制定了保护规划、保护机制和措施,完成了县境内的普查、初步建档、申报和确认代表性传承人等工作。

2. 积极举办西迁节的纪念活动,扩大对外宣传和影响,取得明显成效。察布查尔锡伯自治县举办的西迁节纪念活动主要有:

(1)2011年5月20日,在西迁节247周年到来之际,察布查尔锡伯自治县举办首届“2011中

2006年，察布查尔锡伯自治县召开第一次文化遗产专项会议现场

国·察布查尔西迁经贸文化旅游节”。此次纪念活动以晚会、卡伦祭祀、射箭比赛等多种方式庆祝西迁节。另外，在20日举行的“公祭卡伦大典”上，来自全国各地锡伯族代表、从事锡伯族历史文化研究的专家学者和新疆各地的锡伯族人以及当地民众共计1764人，齐聚在位于察布查尔锡伯自治县境内的纳旦木卡伦前，祭祀锡伯族西迁伊犁戍边屯垦的先辈们。还在县百日广场举行盛大演出，纪念锡伯族西迁245周年。演出中，沈阳市演艺集团创排的大型史诗乐舞剧《遥远的察布查尔》，受到热烈欢迎。

（2）2012年5月4—10日，在西迁节248周年到来之际，围绕“喜迎十八大，欢乐西迁节”这一主题，察布查尔锡伯自治县隆重举办为期7天的第二届“中国·察布查尔西迁文化经贸旅游节”系列庆典活动。除了举行庆祝锡伯族西迁248周年纪念大会外，还举办了西迁精神核心价值研讨会、文化名人座谈会、经贸洽谈会、“嘎善之夏”音乐周、原生态歌舞剧《走出大兴安岭的锡伯人》演出、农民画画展、书法大赛、射箭比赛、刺绣展等各项活动。其中5月8日西迁节这一天举行的公祭纳达木卡伦遗址、锡伯风情园里纪念图伯特活动以及纪念西迁节248周年庆祝大会、原生态歌舞剧和万人跳贝伦舞、申报上海大世界基尼斯纪录等，将这次活动推向高潮。

三、西迁节保护规划

目前，国家级非遗名录西迁节的保护单位察布查尔锡伯自治县已制定出保护规划和实施方案，并正在具体实施。主要内容有：

1.保护工作方针

抢救和保护：首先对西迁节进行抢救和保护，如果名录中的有些遗产已经出现濒危现象，或者正在消亡，或者经过保护不能复原而不能为现代所利用的，要对其进行抢救性保护。具体来讲，就是通过录音、录像、文本资料和实物搜集，建立非遗档案，并在建立非遗档案的基础上再建立博物馆、多媒体数据库等。

合理利用：在切实做好保护和抢救工作的前提下，对可以利用的非物质文化资源合理地加以利用，使之为现代民族文化的发展和文化产业化服务。

传承发展：根据保护计划（年度保护计划），要做好六个方面的传承工作。包括：

（1）做好原生态传承工作，即保留原来的基本形态，使这种原生态形式不致发生变异。

（2）做好民间传承工作，包括代表性传承人的传承和民间文化形态的传承。民间传承也包括两个含义，一是在保护好代表性传承人的同时，培养下一代的传承人；二是要把代表性传承人传承下来的各种非物质文化和特殊技艺通过建档、培训、开展民间艺术活动等形式传承下来。

（3）做好专业机构传承工作，对西迁节所承载的表演艺术部分，要通过专业文艺团体加以创新，将其传承下来。

（4）做好教育传承工作，对西迁节当中可以列入学校教育或成人教育的部分，要通过正常教育手段将其传承下来。

（5）做好文本传承工作，研究、编写和出版有关西迁节图书和相关电子影像产品。这是传承西迁节及其民俗艺术的一个非常重要的方面,因为留给后人的遗产必须要有文本传承。

(6)做好现代媒体传承工作,要通过现代新闻媒体、多媒体、数据库、互联网及信息资源共享等手段进行传承。

2.保护工作原则

(1)正确处理保护和利用的关系,坚持西迁节及其民俗艺术的全面性、真实性和代表性,在有效保护的前提下合理利用。在科学论证的基础上,采取有力措施,使西迁节及其民俗艺术在社会中得到确认、尊重和弘扬。拓展西迁节的文化空间,保护和改善其良好的生存发展环境,使之成为继承和发扬民族精神,体现核心文化价值、传承和传播传统文化、发展现代文化、提升软实力的强大动力。

(2)政府主导、社会参与,明确职责、形成合力;长远规划、分步实施,点面结合、讲求实效。以保护西迁节及其民俗艺术为重点,全面推进锡伯族非物质文化遗产的保护工作,对锡伯族民间文化保护的有效方式、资源建设、队伍建设、管理模式、工作机制和市场化前景等方面进行探索和积累经验,实现人与自然的永续和谐,推动社会和人的全面、协调和可持续发展。

3.保护工作预期目标

西迁节及其民俗艺术的保护工作拟在“十二五”期间进行，实现如下目标：

(1)为我国民族民间文化财富的保护和传承，促进中华民族文化认同，增强社会凝聚力，为锡伯族民族精神的弘扬、人文关怀、传统文化的继承和发展做出积极贡献。

(2)有效地缓解传承性代表人物正在老去的危险，提升传承能力，培养后继传承人；有效地改善西迁节及其民俗艺术特有的活动场合连续性地缩小而即将消失，特有的活动形式无法继续的状况。

(3)最大限度地降低西迁节原有的民间仪式被同化的危险程度，极力恢复正在失去的西迁节民间仪式与现代文化之间的有机联系，使之融入现代生活。

(4)有效地阻止西迁节及其民俗艺术的自然传承机会正在丢失或即将被其他形式所替代现象的发生；有效保护濒危的口头文化遗产。

(5)保护、开发、利用并拓展西迁节及其民俗艺术的各类资源，充分发挥其民族性、大众性和时代性特质，丰富和活跃群众性文化活动和文化生活。

(6)为先进生产力和现代文化的发展提供精神动力和智力支持,使之成为拉动地方经济的重要力量,实现经济与文化的有机结合,形成产业优势,进而促进本民族自治地方政治、经济、社会各项事业的协调发展。

4.保护规划的主要内容

(1)对西迁节的原生态艺术进行保护。包括:对西迁节及其民俗艺术所承载的古代、近代、现代民俗资料,有形文化和无形文化形态进行保护。选出其中价值较高者,以田野报告的方式将它们记录下来。如:古代渔猎文化、山林文化的原生形态与现代遗存;祖先崇拜、火崇拜、图腾崇拜、自然崇拜的痕迹与遗风;萨满文化的活态遗存、萨满巫术的表现形式及民间艺术化;近代以“国语骑射”为主体的戍边屯垦文化与多样性文化的融合;民间有关自然界和宇宙的知识和实践;古代、近代、现代社会风俗、礼仪、节庆、岁时、民间记忆;民间表演艺术中的歌舞、音乐、器乐、戏曲、吟咏、说唱、文体娱乐、竞技;口头传统中的故事、歌谣、神话、传说、念说;传统手工艺技能及工艺品、相关实物:萨满服饰和道具的工艺价值;民间美术、绘画、雕刻、刺绣、书法、古文书;服饰文化;饮食文化;历代民间艺人的传承谱系、历史档案；西迁节对历史、宗教、艺术、人类学、社会学、语言学、民族学、民俗学、民间文学等多学科的突出价值，广为流传的传统文化表现形式。

(2)对西迁节的庆典仪式进行保护。包括：西迁节民俗艺术的原生态仪式，鼓励节日期间开展原生态民俗艺术活动；开展文化广场节庆文化活动，使之规模化，成为群众喜闻见的文化欣赏形式；开展西迁节主题日活动，每年节庆活动都要确定某个主题；与全国锡伯族地区建立横向联系，共同搞好西迁节活动。

(3)对西迁节的文化空间进行保护。包括：西迁节的由来、承载的原始文化或次生、再生文化形态；锡伯族先民的生产生活与社交、节庆活动：西迁节在不同历史时期的嬗变，所表达的生命意识空间和拓展的生存意识空间；西迁节承载的戍边屯垦历史及其培育的民族精神；全国范围内西迁节活动的民间形式、官方形式；各地区举办节庆活动的内容、形式、特点及其文化场所和发展环境。

(4)对西迁节及其民俗的传承载体满文、锡伯语和锡伯文进行保护。包括：充分发挥满文和用锡伯语文在西迁节民俗艺术生成和发展中的传承作用，加强学习和应用，充分使用满文和锡伯语文的载体，做好民间采访、资料搜集、整理、翻译和建档等项工作。

5.软硬件环境建设

（1）保护工作的软件建设：利用报刊、教材、图书、广播、电视、互联网等传播媒体，建立动态保存、保护、传承体系；利用节日活动、展览、观摩、培训、专业性研讨等形式加强宣传和介绍；普及西迁节及其民俗艺术保护知识，提高全社会的保护意识；建立西迁节及其民俗艺术网站及县、乡（镇）、村三级互联网传递、发布系统；建立西迁节及其民俗艺术数据库和电子图书馆、博物馆（站）。

（2）保护工作的硬件建设：建立西迁节民俗艺术保护与传承中心；建立乡、镇、村级西迁节民俗艺术传承点（传习所）；建立锡伯族西迁戍边屯垦纪念碑；建立锡伯族西迁戍边屯垦纪念馆。

6.当前和今后五年的保护工作

在2012年至2016年的五年内，分年度、分阶段地实施完成如下几个方面的保护工作：

（1）对西迁节及其民俗艺术情况进行全面普查。包括：对西迁节的历史与现状进行全面调查，摸清家底，了解和掌握全国各地举办西迁节活动的情况、举办方式、生存空间、保护现状及存在问题；对西迁节民俗艺术的主要类别和形态、蕴藏情况、流布地域、传承范围、传承脉络、衍变情况以及采集历史(即什么时代采集过什么,资料藏于何种机构或何人手中)及其与此相关的历史情况和人文背景进行全面普查,全面搜集、记录;通过全面普查和摸清家底,发现承载西节民俗艺术数量较多而又独具才华的讲述者、传承者、表演者,从他们的讲述或表演中记录、采集有代表性的艺术产品:对发现有重要价值的传统技术、技能、传统技术传承者或传承群体进行认定,对选定的保存技术做完整记录;通过实地调查,记录或录制流传了千百年,与民众生活有密切联系,甚至影响着民众生活和群体社会的各类民间作品和民间技艺,以及岁时节令、风俗习惯、民间信仰、民间知识等民俗现象。经鉴别、认定、筛选,将其作为西迁节及其民俗艺术保护工程的主要内容和依据;对参与普查人员进行培训,作出合理分工,并吸收民俗艺术爱好者和搜集者参加。普查小组做到领导、专家、地方文化工作者三结合。

(2)建立西迁节民俗艺术档案。包括:非遗法律、法规及相关文件档案(从中央、自治区、地州级、县级相关法律、法规和文件档案);建立西迁节及其民俗艺术的四级档案(即国家级、自治区级、地州级、县级名录档案);建立西迁节及其民俗艺术的性传承人四级档案(国家级、自治区级、地州级、县级代表性传承人);建立数字化资源制作室,建立数字档案和数据库,根据所搜集到的原始资料,运用文字、录音、录像、数字化多媒体等现代科技手段,对珍贵、濒危且具有重史料价值的民俗艺术进行真实、全面系统的记录和存储。

(3)西迁节的文化空间与环境保护。包括:以锡伯族居住的各乡、镇、村为保护重点,对西迁节民俗艺术环境和生态保持完整并具有特殊价值的村落或特定区域,进行整体性保护。同时,改善西迁节及其民俗艺术的传承、传播文化空间,在特色鲜明、具有广泛群众基础的社区、乡(镇)村,创建西迁节民俗艺术传承之乡。2012年自治区批准察布查尔锡伯自治县爱新舍里镇乌珠牛录村和依拉齐牛录村为锡伯族文化生态保护实验区,要在保护实验区内对西迁节及其民俗艺术进行整体性保护。

(4)开展对西迁节保护工作的科学研究。包括:组织有关专家学者进行研撰出版有关西迁节及其他名录的图书。其内容的审定、出版物规格等按国家统一规划、设计和管理权限进行。在开展西迁节保护工作期间,拟研撰出版如下出版物:《锡伯族节日文化》《锡伯族西迁节及其传承的民族精神探究》《世界满通古斯语族的民俗现象与锡伯族民俗研究》《锡伯族民俗词典》《锡伯族渔猎文化》《锡伯族萨满文化》《锡伯族歌舞音乐》《锡伯族说唱艺术》《锡伯族饮食文化》《锡伯族服饰文化》《锡伯族传统文化图鉴》《锡伯族民间知识》《锡伯族传统制作技艺》《锡伯族民俗与旅游文化》《锡伯族传统文化研究通论》《锡伯族八个牛录志》(各出单本)等。

(5)制作出版和发行有关西迁节的电子影像产品。包括:CD、VDC、DVD等电子音像产品。

(6)有关西迁节及其民俗艺术的网络建设。包括:充分利用高科技手段,研发锡伯文、满文多媒体、数据库和网络应用软件,在虚拟空间建立介绍和宣传西迁节其民俗艺术的网站,建立三级互联网传输、发布系统和电子图书馆站。

(7)建立西迁节民俗艺术传承中心。包括:通过硬件建设,在各传承中心、各传承点和文化之乡建立西迁节民俗艺术的培训、传播中心,经常性地开展民间艺人的培训、培养工作,组织开展多种形式的演出活动,进而为锡伯族非物质文化遗产的全面保护、传承和传播提供支撑平台和活动、表演、示范、教育的场所。

(8)整体性保护方式。2012年自治区决定在察布查尔锡伯自治县建立锡伯族传统文化生态保护实验区，以非物质文化遗产为核心，对锡伯族传统文化进行整体性保护，保护地点设在察布查尔锡伯自治县爱新舍里镇依拉齐牛录村（原清代锡伯营正白旗）和乌珠牛录村（原清代锡伯营镶黄旗），保护规模为该两个村方圆两平方公里的村寨。在保护实验区内建立锡伯族西迁节保护与展示区，用来保护和展示锡伯族节日文化的原生态表现形式，反映其原生、次生、共时、历时的演变情况，以及过去的典仪形式和节庆活动情况、习俗文化内涵等。积极开发锡伯族节日文化资源，在保护区内广泛开展文化娱乐和节庆活动，不断丰富节日文化的内容和形式，突出地方性，保持民族性，体现时代性，进而推动锡伯族传统节日的生产性保护工作取得明显实效。西迁节生产性保护内容主要有：西迁节及其民俗艺术活动。在现行仪式的基础上，恢复并展示过去农历"四一八"传统节日期间举行的各种民俗活动。如：举办庙会、供祭娘娘（旧时称举办西迁节为祭娘娘仪式）、卡伦公祭和家家吃鱼、户户蒸肉、野外踏青摆野餐、各家各户制作面酱（米顺），以及文艺表演、射箭、赛马等民俗传统。

7.保护工作年度（阶段）实施计划

（1）第一阶段（2012年）：建立乡镇传承点（挂

牌)；完成全面普查工作和文字记录、录音、录像工作；完成档案的分类、整理和初步建档工作。

(2)第二阶段(2013年)：完成全部建档工作；硬件方面着手建立传承中心和各乡、镇、村传承点；进行学术研讨，专家论证工作；研撰出版一至两部专著及与之配套的电子音像产品。

(3)第三阶段(2014年)：巩固前两阶段取得的成果，总结经验；完成传承中心的硬件建设并投入应用；研撰出版三至四部专著及与之配套的电子音像产品；研发锡伯文、满文多媒体软件，数据库软件，网络软件并投入应用；建立西迁节民俗艺术网站。

(4)第四阶段(2015年)：完成计算机应用软件研发，建立非物质文化网站并投入应用；完成乡、镇、村传承点的硬件建设并投入应用；研撰出

版五至六部专著及与之配套的电子音像产品；建立互联网县乡（镇）、场及村三级传输、发布系统。

（5）第五阶段（2016年）：基本完成西迁节名录的保护工作，提交并通过国家级专家委员会的鉴定；研撰出版三至五部专著及与之配套的电子音像产品；顺延完成其余下部分；着手开展第四批国家级、自治区级、地州级、县级等四级非物质文化遗产名录项目的申报和立项工作。

8.管理职责与参与方式

借鉴国际、国内保护非物质文化遗产的成功经验，密切结合本民族的实际，采用政府部门主管与企业化运作相结合，专家咨询论证和研究，社会各界广泛参与，集保存、抢救、保护、研究、传承、传播为一体的管理模式和运作方式。

（1）主管部门及职责：国家级名录西迁节申报部门即为主管部门，主管部门将西迁节保护工作列入议事日程，对保护工作负全责；提出和制定有关西迁节的规划方案和年度（阶段性）实施方案；对西迁节的分类严格实行科学论证，对其保护进度进行具体的目标管理。

（2）制定优惠政策，动员社会各界、各部门、机关团体、企事业单位和个人以各种方式参与项目保护工程，尤其为具备条件资质的机构、企业、社会团体和个人投身项目保护公益性活动创造条件。

(3)制定相关对策,从机制、法规、资金、队伍等方面对西迁节的保护工作给予支持。对西迁节保护工作的全过程、阶段性目标、长期目标或各个子项目的具体指标进行有针对性的指导、检测、督促、协调、鉴别、裁定和验收。

(4)西迁节保护经费使用及预决算的管理,严格纳入国家财会制度,实行有效监督。

(5)对西迁节专业技术标准的管理,特别是对运用现代科技手段实施保存、维护和保护的技术标准,明文制定具体的规则或技术手册严格管理。对所有采录和保存的资料都必须保证达到永久保存的要求。

(6)积极倡导举办与西迁节相关的公益活动,如开展"爱我西迁节""爱我遗产优化环境"等系列活动;举办"西迁节民俗艺术与传统文化展示""文物鉴赏";举办"文化遗产保护讲座""专家咨询"等活动;随时听取群众的意见和建议。

(7)实行相对的分工责任制,建立相应的激励机制,制定相关守则或工作细则进行责任管理。发掘参加西迁节保护工作的人力资源,加强从业人员的队伍建设和专业培训,保证保护工作的有效推进。

9.相应组织机构及职责

在当地文化行政主管部门的管理下，分别成立国家级非遗名录西迁节的管理机构、科研机构和工作机构。包括：

（1）管理机构：成立“西迁节保护领导小组”，由名录主管部门的主要领导组成，领导小组履行对整个名录的领导和管理职责。其职责与名录主管部门的职责相同。

（2）咨询科研机构：成立“西迁节专家评审小组”，主要由当地锡伯族专家、学者及其他民族中有志于锡伯族民俗研究的专家、学者组成。主要职责：参与普查工作并进行指导；受名录主管部门的委托，对收集到的资料整理、实物的审定严格把关，对文化空间或文化表现形式所做的分类进行准确鉴别和认定；用科学的思想和方法对西迁节及其民俗艺术的历史源流、文化价值、生存状态、发展趋势以及保护方法等进行科学的调查、论证与研究，对其能否进入市场，进行标准化、规范化和效益化的调研、分析与界定；承担有关西迁节研究、出版物编撰等科研任务。

（3）工作机构：以名录主管部门的宣传、文化单位为主体，成立“西迁节保护工作办公室”。主要职责：具体负责文件起草、组织、联络、协调、交通等与西迁节有关的日常工作:负责保管所有工作用的文本(包括调查报告、立项申报材料、图表、实施方案、任务书、计划书、评估材料、鉴定书、总结材料、预决算报表等);规定文本要点或标题的分项栏目,以备填写相关的重要信息:文本的写作必须以专项遗产的学术研讨为基础,编写成合乎实际的可行文本。方案文本应写明项目的文化源流、历史沿革、类别认定、分布区划、文化特征分析(包括文化表达形式分析、各子项目特点分析)、价值评估、现状分析、传承系谱等的具体论述及相关量化数据、保护措施和手段、阶段进度和预期成果、附加内行专家的若干学术评定或推荐材料等;各种文本都要有责任人签署,都要经过论证、审定、监督执行、成果验收等程序;编写《锡伯族西迁节保护实用手册》,手册应以操作规程的工作细则为主要内容,以供项目从业人员使用。

10.建章立制

国家级非遗名录西迁节的主管部门应建立监管机制,为名录保护工作提供法律和制度保证,做到有法可依。制定颁布《锡伯族非物质文化保护工作条例》,为锡伯族非物质文化遗产保护工作提供法律依据。名录主管单位依据该条例，制定《西迁节保护与实施办法》和实施细则，为名录保护工作的实施提供规范操作规程，进而从理论到实践形成一套比较科学完善的学术、管理、操作规程。

11.宣传工作

国家级非遗名录西迁节的主管部门负责进行名录的宣传工作，加大宣传力度，唤醒全社会及本民族成员对保护工作的自觉意识，确保西迁节及其民俗艺术资源免遭破坏。在名录实施过程中，引入对非物质文化资源历史文化价值及保护意义的宣传教育，通过生动真实的介绍、讲解和宣传，最大限度地激发人们对保护工作的责任意识。从而使项目保护不仅成为一项专门的保护工作，而且还成为一项群众性的非物质文化保护活动。

12.社会团体和个人参与方式

凡参与国家级非遗名录西迁节保护工作的社会团体或个人，都应服从名录主管部门的管理和领导，遵守其制定的各项规定和操作要求，经名录主管部门同意，以签订协议方式参与名录的保护或研究、开发工作。

13.企业参与方式

企业采用市场化运作方式，必须以招标、投标方式，承担西迁节保护工作中实施的相关项目，与名录主管部门签署协议，明确双方责任、义务、利益、完成时限、质量、产品、版权等。

14.价值评定标准

（1）西迁节包含的传统技艺必须或具有高难度，或具有远离现实的高度想象力，达到同类文化样式的制高点。

（2）对于西迁节及其文化多样性的保持应有特殊价值和民族独特性，具有不可再现的独特历史解释力，对锡伯族历史应具有再认识的价值。

（3）具有“面临着消失的危险”，处于濒危状态，易于受社会强势文化和环境恶化的威胁，需要加以保护。

（4）由于西迁节及其民俗艺术自身的传承嬗变，已经纳入现代社会、被现代人接受了的文化形式，或可以由现代工艺替代，产生与原生态同等或超越原生态价值的文化形式。

参考文献

[1]中华人民共和国非物质文化遗产法.非物质文化遗产网，2011.

[2]新疆维吾尔自治区人大常委会法制工作委员会，新疆维吾尔自治区文化厅编.新疆维吾尔自治区非物质文化遗产保护条例，2011.

[3]中山大学中国非物质文化遗产研究中心.人类非物质文化遗产代表作.郑州:大象出版社,2006.

[4]中国艺术研究院,中国非物质文化遗产保护中心.中国非物质文化遗产普查手册.北京:文化艺术出版社,2007.

[5]佟加·庆夫.国家级非物质文化遗产代表作项目“锡伯族西迁节”保护工程实施方案(草案).察布查尔锡伯自治县人民政府,2006.

西迁节民间仪式文化创新

概述：本章通过对西迁节承载的民间仪式、饮食消费习俗、服饰消费习俗、民间表演艺术、传统体育与游艺竞技在现当代变异情况和文化空间的细节描述，以及对本地区旅游文化的助推作用等方面，阐述其文化创新意义和价值。

西迁节承载的民间仪式，长期续存在锡伯族人的民间信仰、民间习惯和衣食住行的日常生活当中，是在长期潜移默化积淀中形成的，并在各种波折中获得相对稳定的天然机制。它表现在本民族思维、行为、习惯、礼节、礼俗等诸方面的共同意识，有着其天然的顽强的薪火相传的生命力，真可谓"风俗之变，迁染民志，关之盛衰，不可不慎也"，承载着锡伯族人民复杂的文化心理和深厚的思想意识，由此形成其特定的表达方式。然而，随着现代社会的快节奏发展，大量新事物的涌现，以及传统文化向现代文化的转型，当代锡伯族的观念、思维、传统习惯和行为方式都发生着巨大变化，由此西迁节所承载的各民间仪式也在发生迁移，越来越多的文化因素植入现代，并由此许多民间仪式出现被摒弃或消失的状况。

一、民间祭祀仪式的文化创新

西迁节所包含的民间信仰仪式包含的内容较广、时间跨度大，主要包括：源自古代的民间信仰仪式，如祭祀鬼神、天地、日月、星辰、山川、河湖、雷电，及每出猎必祭其神，以祈多获等自然崇拜仪式；清代以来形成的民间信仰仪式，诸如，自然崇拜民间信仰仪式的延续、萨满信仰仪式、祖先信仰仪式、俗神信仰仪式、土地神信仰仪式、关帝信仰仪式和娘娘神信仰仪式等等，种类繁多。由此还形成民间信仰仪式中的攻防行为，比如，兆、占、厌胜、咒及其咒语、禁忌、巫术等，体现在对人间善恶的民族化意识，以及对来自大自然和人间不可抗拒力的主动攻防表现，使之成为一直延续至今的民俗事项。比如过去在农历“四一八”节日庙会期间举行的“替关帝磨刀”仪式和“为娘娘供饭”仪式，已离锡伯族人的生活渐行渐远了。时值现当代，过去的各种祭祀仪式，无论是其内涵还是运作形式，都跟过去发生了很大变化，正在从农历“四一八”传统节日的民间仪式中剔除，中间经历了一个取其精华、去其糟粕、推陈出新和移风易俗的过程。除了“替关帝磨刀”仪式和“为娘娘供饭”仪式已经不再举行以外，萨满信仰同样作为农历“四一八”传统节日期间的宗教性活动之一，其跳神仪式也已不复存在，现只留存着萨满神像、服饰、器具等文物。这说明，在这一百多年间，锡伯族民间信仰仪式的嬗变十分明显。一是具有氏族社会特点的自然崇拜仪式发年了很大变化，既有大部分淘汰，也有在吸收现代工业文明后的自我更新；二是具有封建愚昧性的民间信仰仪式，既有自然消失，也有对其加以改造，使其大部分信仰仪式具有了新的时代特征，刻下鲜明的现代文化烙印；三是吸收当代信仰文化的优秀成分，并在对其进行改造的基础上加以民族化，使其成为既具有现代文化特色，又不失本民族传统文化特点的民间信仰仪式；四是在现代文化的影响下，产生了一些新的信仰仪式。比如：过去在农历“四一八”传统节日仪式中，并没有卡伦公祭仪式和图伯持祭祀仪式，而在2011和2012年察布查尔锡伯自治县举办的西迁节纪念活动中，增加进来这两项祭祀仪式。

卡伦公祭仪式：“卡伦”在锡伯语中是“边境哨卡”的意思。在清代，锡伯族官兵到达伊犁后，便在中俄边境线上建立起高约3米的土制卡伦（即最初的边防哨所），驻兵守卫祖国的西大门，开始了他们的戍边生涯。卡伦历尽沧桑，见证了历史，也见证了锡伯族军民自公元1764年从东北西迁到伊犁屯垦戍边的战斗历程。卡伦作为一种特定时代的历史产物，在人口稀少、防务薄弱的边疆地区，成为有效行使行政管理和防止外敌入侵的一项重要制度和组织形式，在整个清代的维护地方治安、保障边境安全等方面都发挥了极其重要的作用。虽然在后来的历史变迁中，由于种种原因，有相当数量的卡伦驻地及其管辖区域都已不属于我国了，但是，卡伦的历史地位和历史作用却不容否定。现如今，历经沧桑的卡伦已经成为锡伯族爱国精神的历史见证，目前，在察布查尔锡伯自治县锡伯自治县境内，北起伊犁河，南至乌孙山北麓，共有7处卡伦遗址，分别是洪纳海卡伦遗址、吐库尔浑卡伦遗址、多兰图卡伦遗址、阿布散特尔卡伦遗址、纳旦木卡伦遗址、梧桐孜卡伦遗址、头湖卡伦遗址。

2011—2012年西迁节期间，察布查尔锡伯自治县次组织举行卡伦公祭仪式。公祭仪式形成敬献鲜花、敬酒、鸣放礼炮、射响箭（报警）、鸣鼓、吹布伦（进军号）、放烽火（狼烟）和骑马驰骋等传统与现代相结合的祭祀仪式。

图伯特祭祀仪式：2012年5月8日（西迁节当日），在举办“中国·察布查尔锡伯自治县第二届西迁经贸文化旅游节”之际，中共察布查尔锡伯自治县党委和自治区人民政府在该县孙扎齐牛录乡的锡伯风情园举行了隆重的图伯特公祭仪式，来自北京、东北三省，乌鲁木齐、伊犁哈萨克自治州直属各县市的代表、嘉宾和本县干部群众共1000余人参加了图伯特的公祭仪式。公祭仪式由敬献鲜花、敬酒、鸣钟、鞠躬、致公祭词等程序。有关图伯特公祭仪式，过去有一篇颂文附录如下：

颂文之一:《锡伯营新任副总管正蓝旗牛录章京巴达兰猷图公颂文》(汉译文)

常闻,世出奇人而后方兴奇事;英雄造世事,世事造英雄;乃事出有焉。昔烈公生于盛京,长于伊犁。自幼品行非凡,聪颖博学,沉毅端正,无浮言妄行。孝敬父母,言语谦恭;友于兄弟,和顺亲睦;睦于乡里,端庄恭敬,堪为众人楷模。孝廉之名昭于四方,遐迩仿焉。既长,胸怀壮志,公余这暇常安然独游,足寓情于山水之乐,实乃立志于救世益民也。平时以忠恕厚仁为本,以嘉言懿行育人,导化熏陶;爱我同类,兴我民族,此其夙愿也。

昔,锡伯营驻防伊犁后,生计未安,军务倥偬,戍边严厉。官兵戍南守北,驰驱疆场,暇不旋踵,生计穷困,几至荒废本业。公急民之所急,锐身自任,倡率义举,兴修水利,欲创万世之实业。公苦心经营,呕心沥血,上观天文,下察地理,研地脉究土性,风餐露宿,日夜不寐。公之至诚之心感动上天,降红光示瑞兆,驱花牛谕秘诀。乃深知自伊犁河凿渠,可垦殖一带沃野。于是自力经营,躬帅兴功,历经寒暑十三载,遂大功告成。笙歌满街,妇幼颂功德。沃野桑田,阡陌相属,渠水蜿蜒,二百里长。垦殖良田十万余亩,八旗军民鼓腹乐其业。官兵安处,功垂绝域,名扬天下;男耕女织,恩泽广被，惠及亿世。公之殊勋伟业上闻九重，特降宠恩，诏授副都统衔领队大臣。公勤政恤民，百废俱兴。礼教周流，文化兴于边陲：贤愚齐化，民德趋向敦厚。丰功茂才流芳八旗，福利普被乌孙，根基绵远久长。古之后稷教民稼穑，无非如此。《书》曰："一人民庆，兆民赖之。"《诗》云："赫赫师尹，民具尔瞻。"所云即非公乎？虽赵营平屯田西域，王术子教化边民，亦莫过于此。黎民百姓缅怀公德，有口皆碑。八旗耆老众民至今赞叹追忆，传颂之声不绝于耳。虽《甘棠》之诗咏召公，郑国舆人诵子产，不可与此相提并论也。孟子曰："以佚道使民，虽劳不怨。以生道杀民，虽死不怨杀者。"此言良宜也。饮水思源，崇德报功，乃古之遗俗；昭彰既往，敦促来者，为今之要务。如今世道衰落，适逢时事艰难之际，纯厚之德渐微，淡漠之风日兴，吾辈惕惕焉乎先烈功德废弛湮没。吾辈既承先烈之业，负弘扬之任，何敢默然处之！坦陈所见，与众人共议，皆志同而谋合。故不揣粗俗，修祠堂于公之原籍正蓝旗，内立先烈之神像，供笾豆之祭，千秋万代香火不绝。祠堂虽狭窄，而神像赫赫，自会显灵，流芳万世，俾子孙后代瞻仰学习，世代相传，千古不朽。吾侪巴达兰等人，共怀一片赤诚之心，祝八旗福祚绵绵，永享福荫，沐浴其德。恭致祀典,昭公德,献颂辞。享哉!

颂辞曰:巍巍汗腾格里山,荡荡乌孙河。昊天生此哲人,尔乃锡伯父母。与世争利,怀德独仗义。平素言行,感天动地。外救饥馑,内怜孤寡。素好广仁布德,历经百难始慰志。谁人不明晓,名扬万世益流芳;谁云无报应,若影之随形响之应声焉。圣明洞鉴,满屋嘉祥;哲人在堂,伟然昂立,国之干城也。振兴实业,享钟鸣鼎食之誉:天赐殊恩,奉祭祀褒奖之荣。公如鼎立,巍巍乎光辉灿烂,万山环拱。吾侪敬呈颂文,标榜功烈,祝愿流芳亿世,永垂不朽。

中华民国二十二年癸酉十二月吉日。锡伯营正蓝旗牛录章京新任锡伯营副总管巴达兰,率全牛录官兵老幼敬献。

颂文说明:

(敕封副都统衔塔尔巴哈台领队大臣图公神像)

本文写于民国二十二年(1933),时值盛世才统治新疆时期。当时伊犁将军已改为伊犁屯垦使,由张培元主政。出于军事的需要,锡伯族仍被置于八旗制度之下服兵役而不缴赋税。而这种兵役制年年从锡伯男丁中挑兵,派往各处驻防,使得他们田园荒废、妻离子散,有的甚至家破人亡,锡伯族处于灾难深重之中。当时新任锡伯营副总管巴达兰值此时事艰难之际,不忍心眼看着“纯厚之德渐微,淡漠之风日兴”而“默然处之”。所以经与同僚商议,决定修建图公祠,通过隆重的纪念活动,缅怀先烈功业,继承和发扬图伯特的创业精神,希望以此重振民族精神,激励子孙后代,奋发图强,自强不息,再一次振兴民族大业。本文有颂有序,比较详细地介绍了图伯特的生平事迹,高度评价了他的丰功伟绩和创业精神,表达了大家继承先烈遗志,艰苦奋斗、自强不息的决心,是写得最好的一篇。

有一首题为《图伯特》的诗做了这样描述:

沙峰肃穆望祠堂,水圣英名梦未忘。功德已镌碑石立,缅怀更比水流长。奠基桑梓谋开发,造福儿孙沐吉祥。犹赖精神传万代,箭乡前路尽春光!

还有一首诗写道:

啊图伯特/心中的歌/因为歌是心中的热/因为心是歌的窝/啊图伯特/心中的河/因为河是心的火/因为火是河的波/歌啊河/河啊歌/唱您图伯特/歌声飞出窝/唱您图伯特/临别您没有多说什么/只把察布查尔布哈嘱托!

以上仪式,将传统仪式与现代仪式有机地结合在一起,使两者互为补充,各司其职,各显所能，实现了祭祀仪式的现代更新，让参与者们充分感受到卡伦祭祀仪式和图伯特祭祀仪式所蕴含的锡伯族民族精神，从而使西迁节具有了弘扬锡伯族西迁爱国和戍边屯垦精神的全新内涵，显示出它的传播力和影响力。

二、传统饮食消费习俗的文化创新

锡伯族人在西迁节期间展示的饮食消费习俗（饮食习惯、烹调技术、饮食与健康、饮食与禁忌）正在由传统方式向现代方式转变。比如：过去，在农历“四一八”传统节日期间，锡伯族人必须到野外聚会和聚餐，吃一顿鱼汤加酸奶的高粱米饭，有条件的人家，还要带着全家人到伊犁河边品尝一顿河水煮河鱼的新鲜鱼味，随便旅游踏青，感受大自然的优美风光和新鲜空气。届时，家庭主妇还将早已发酵并晒干好的面曲子送进水磨磨制成面粉，回来后制作成面酱等等。这些节日期间的传统消费习惯，随着

锡伯族花花菜

锡伯族全羊宴制作过程

当地自然环境和种植条件的变化(锡伯族地区已不种高粱了)、大众饮食文化的流行,以及锡伯族特色饮食以农家乐、中高档餐厅的形式走向市场等原因,已不再坚守或者已不能坚守了。由此也给节日饮食文化提供了更多的选择机会,更广阔的空间。随着生活水平的提高,锡伯族人的节日饮食消费水准也日益增长,饮食习惯也由此发生很大改变,大多选择中高档次的消费,在节日期间以酒会友,以酒会歌,以丰盛的宴席款待客人已成为惯例。与此同时,西迁节也为锡伯族特色饮食提供了展示平台,察布查尔锡伯自治县在历年西迁节活动期间,连续几年举办烹饪大赛,如发面饼、花花菜、油煎馃子饼、韭菜饼、新鲜鱼肉(汤)、杂烩、二汤面、羊血灌肠和猪血灌肠、莫尔雪克等特色饮食花样翻新,烹饪技术大为改进,这也为锡伯族的各类特色饮食从妇女的锅灶中出来，走向市场起到助推作用。2012年5月6日，察布查尔锡伯自治县在纪念西迁节248周年活动期间，举办“中国·箭乡饮食大赛”，使锡伯族的特色饮食在节日活动中得到充分展示。

三、传统服饰消费习俗的文化创新

锡伯族人的服饰消费习俗（衣料、头饰、首饰、脖饰、足饰及各类绣品）也正在发生很大的变化。过去，锡伯族人在节日期间和喜庆场合穿戴的传统服饰色泽艳丽、五彩缤纷、种类繁多。比如，妇女穿戴长及脚面的旗袍，贴花边或绣花宽边，外罩对襟、大襟或贴花边坎肩；衣襟、袖口、领口、下摆多镶滚边；扎黑色腿带，脚着白袜、绣花鞋。少女与未婚姑娘扎一条长辫，用各色“毛线”扎辫根，不剪头发帘，头上、辫梢戴些花，耳戴金（银）耳环，穿

上图：锡伯族坎肩儿

下图：锡伯族萨满服饰

锡伯族服饰

着淡雅漂亮的旗袍。右侧腰部的衣兜口内，掖一条彩色手帕，一半露在兜外。脚穿绣花布鞋，显示出青春的活力。媳妇梳的是“盘龙髻”，额前有“刘海儿”，脑后有“燕尾”，头顶上乌发蓬起，盘成髻形，日常生活中将辫梳成双辫或两“抓髻”，合起成为一个大“疙瘩髻”。头发抹头油或用榆树皮泡的水。面部可以涂粉，可以涂口红，可以染指甲等。头部髻上插着金簪，腕上佩戴金（银、玉）手镯。已婚妇女头上盘头翅。妇女戴耳环、手镯、戒指等。男女裤腿均扎黑色腿带，年轻女子扎红色、粉红色腿带，丧事时扎白色腿带。男子穿对襟短衫，裤脚在脚踝处扎紧，冬天也穿大襟开衩长袍。上年纪的妇女出门时，手里还要拿个烟袋，串门时互相装烟进礼。

除了平时的服饰外，锡伯族的萨满还有自己特制的服装：头戴六股钢盔，胸挂护心铜镜，腰围飘带绣裙。萨满穿上这种服饰跳起萨满舞，模仿各种动物的形态和进行追逐、打斗、厮杀的动作，既反映了原始氏族时代的精神和狩猎、游牧的生活气息，又反映了山林文化和草原文化的特点。

以上，锡伯族人传统的服饰消费习俗在过去的西迁节聚会上，在其他的喜庆仪式上，在婚礼上都曾经充分展现，而现在的锡伯族人平时不大穿戴本民族的传统服饰了，代之以流行服装和饰品，少女与少妇的穿戴已无区别。虽然如此，在近几年的西迁节聚会上开始出现业经改装的、与现代服饰相融合的服饰，这种颇具流行特色和时代感的服饰，表明锡伯族人的服饰消费观念及其传统习惯正在发生改变，显示出经过文化创新所带来的新变化。

四、传统手工艺品和民间美术作品的文化创新

锡伯族刺绣，2011 年列入国家级非物质文化遗产名录。刺绣是锡伯族妇女最拿手的传统手工技艺，过去，凡是女孩出嫁以前都必须学会针

线活儿，她们除炊事缝补之外就是施展其特有的手艺——绣花。其刺绣的主要特点是图案工整隽秀，色彩清新高雅，针法丰富，雅艳相宜，绣工精巧细腻绝伦。刺绣种类繁多，形成挑花绣、平绣、平金、戳纱、铺绒、补绣等若干种工艺。刺绣图案大多选用现实生活中表达吉祥意义的自然界草花鸟虫为纹样，近几年又增加进来诸如瑞兽、牛车、弓箭等本民族民俗文化的图案纹样。其艺术风格较统一，真实感强，色彩新颖，对比强烈，图案真实，选自现实生活，形成由图案设计到选择布料及针线等一整套的工艺操作特色。但过去的刺绣工艺大都局限在家庭范围，很难走向市场，加上过去的刺绣工艺品由于其载体脆弱，经不起岁月的摧残，因而不少已经消失，或只存记忆性作品，很大一部分传统工艺处于濒危状态。

前几年，察布查尔锡伯自治县在纳达齐牛录乡、孙扎齐牛录乡、城镇、堆齐牛录乡、爱新舍里镇分别成立了刺绣分协会，由总协会申请注册“锡伯绣”作为统一的品牌，组织各乡镇会员生产加工锡伯族传统刺绣品。同时，国家和自治区主管部门也大力支持锡伯族民间传统手工业的发展，协助聘请国际、国内组织机构及民族工艺品

锡伯族刺绣制品——香袋

等方面的专家，对刺绣人员进行技术培训，各乡镇也提供政策及人、财、物方面的支持，聘请民间老艺人，对各乡镇妇女进行刺绣技能培训，使濒临失传的锡伯族传统手工刺绣技艺得到了有效的保护、传承和发扬。目前，随着文化旅游业的逐步兴起，锡伯族传统手工艺旅游纪念品、工艺品、服饰等受到消费者的青睐，纯手工的绣品呈现出供不应求的局面，各乡镇刺绣队伍不断壮大，刺绣业也逐步走向产业化道路。

2012年5月8日（西迁节当日），在察布查尔锡伯自治县举办第二届经贸旅游文化活动期间，进行了锡伯族传统刺绣制品和工艺美术作品展览。展出的刺绣制品有绣花鞋、服饰（旗袍、马褂、长袍、套裤、坎肩、婚礼服、葬服、内衣、外衣、彩裙、儿童服饰等）、绣鞋、枕头顶、门窗罩帘、墙围布、锦帐、垫褥、台布、荷包、手机袋等多个种类，自成系列，统称为“锡伯绣”。后初步形成其生产性经营模式和遍布全国各地的销售网络。

民间美术作品展示，主要有人物油画系列（目前完成锡伯族著名诗人柏雪木的生平画像数十幅画作）、农民画系列100多幅（20世纪70年代察布查尔锡伯自治县是全新疆著名的农民画创作基地，曾中断30多年之后又得到恢复，并取得较快发展）以及锡伯文（满文）书法艺术作品展、摄影作品展等在西迁节期间进行展出，为节日活动增添了一道亮丽景观。

五、民间表演艺术的文化创新

锡伯族的民间表演艺术主要包括萨满歌舞

左上：圆琴

左下：米胡

右图：斐特克纳、绰伦

锡伯族刺绣制品——头饰

音乐、贝伦舞表演、汗都春(秧歌)演唱、民歌演唱、朱伦念说和吟唱等种类和表现形式。过去,这些表演艺术仅留存在民间,出现人亡艺亡的现象。现在,在这些艺术形式中注入诸多的现代艺术因素,大都搬上舞台,成为西迁节所要展示的艺术表现形式。主要有:

1. 锡伯族民间舞蹈贝伦舞,2006 年列入国家级非物质文化遗产名录,2007 年列入自治区级非物质文化遗产名录。贝伦舞在民间表演的基础上,现已编排出多种形式的现代舞蹈,在节日期间和相关文艺汇演中演出,而且演员阵容、艺术表现内容和形式上都实现新的突破。2012 年 5 月 8 日,察布查尔锡伯自治县在纪念西迁节 248 周年活动中,组织了有 10934 名男女老少共同参与的贝伦舞展演仪式,打破了上海大世界基尼斯记录。贝伦舞还进入锡伯族中小学校,成为课间操和健身体操。

2. 锡伯族萨满歌舞音乐,2007年列入自治区级非物质文化遗产名录。它源自于萨满跳神巫术,与锡伯族的民间文艺活动产生了紧密联系,其充满神秘色彩的跳神巫术、出自狂癫之口的即兴神歌和祷词、跳神时敲打的鼓点音乐等,经过萨满自身的传播和民间艺人们的传承,逐渐演化成为锡伯族民间舞蹈音乐中的一个种类,在民间形成较常见的三种形式:一是唱萨满歌;二是跳萨满舞;三是伊榛鼓点音乐。其中:萨满歌用固定的音调进行演唱,富有诗歌韵味。通过萨满歌,可以清楚地认识萨满巫术的本质、巫术精神和萨满巫术在艺术中的表现形式等,灵魂不死的观念在萨满歌里得到充分体现。萨满跳神舞表达请神、领神、斗魔、驱魔的过程。鼓点音乐是萨满舞蹈音乐的主旋律,在萨满跳神的整个过程中,额姆琴神鼓起着非常重要的作用。目前,项目保护单位已收集散失民间的萨满歌20余种,萨满音乐素材10余种。萨满歌舞音乐已经成为舞台艺术的一个种类,先后改编成为《萨满舞》《额姆琴舞》《古代锡伯猎人》《铃舞》《鼓舞》等古典舞蹈音乐节目演出。2006年,萨满舞先后参加自治区举办的非物质文化遗产保护日演出活动和在北京举办的第三届全国少数民族文艺会演，荣获集体金奖。2012年5月5日，由察布查尔锡伯自治县纳达齐牛录乡老龄委编排、30余人参与的萨满歌舞大合唱，作为舞台节目在纪念西迁节240周年活动中演出，其后赴大连市参加全国老龄委文艺演并获奖。萨满族歌舞表演既保持了萨满歌舞的原生态风格，又注入了现代表演艺术的因素，使之更具艺术感染力。

3. 锡伯族的汗都春艺术（秧嘎儿牡丹），2007年列入自治区级非物质文化遗产名录。汗都春是一种有曲牌、唱腔和曲调的传统民族戏曲，源自于陕西越调、兰州鼓子调、青海平调以及西北等地的小曲子，与锡伯族的音乐艺术融合而形成的一种既可用汉语、又可用锡伯语演唱的曲子戏。在长期的演进过程中，曾经涌现出一代接一代的传承人，对该种艺术形式丰富和完善，活跃了民间文艺生活。

汗都春分平调和越调，平调有曲牌和唱腔之分，现已搜集到的平调演唱曲有30多种。越调源于陕西眉户调，清末民初传入锡伯族民间，曾经在20世纪30和50年代出现演出高潮。但随着社会变革或文化转移，或受社会强势文化冲击，前几年，汗都春艺术在民间的演出活动大为减少，在世的汗都春艺人大都年岁偏高，已不能参与演出，由此汗都春艺术出现濒危迹象。

近几年，察布查尔锡伯自治县对汗都春艺术进行抢救和保护，在该县堆齐牛录乡建立了汗都春传习所（即传承中心），录制汗都春音乐40余部，在纪念西迁节248周年活动期间，于2012年5月7日在堆齐牛录乡举办汗都春专场，使这一面临危机的艺术品种走上艺术舞台，成为节日活动中的一个亮点。

4. 锡伯族的民歌，内容丰富，调式种类繁多，

锡伯族民间艺人贝伦舞表演

无固定歌词，往往即兴编词演唱，主要有情歌、街头歌、叙事歌、习俗歌、儿歌等种类。音乐曲式结构简单，大部分曲子以单乐段构成，记忆十分方便，便于流传，常见的是上下两句的单乐段。节拍以2/4、3/4、4/4等单拍子为主。

过去，锡伯族的民歌只能在民间或在田间地头演唱，从未走上舞台。2006年12月，新疆人民广播电台文艺部蒙古语节目组现场录制了百余首锡伯族民歌，向全疆播放，使锡伯族的原生态民歌通过现代媒体唱响各地。察布查尔锡伯自治县文化馆也收集和录制锡伯族民族300余首。以此为切入点，察布查尔锡伯自治县在每年举办的西迁节活动中，都专门编排中型或大型的民歌演唱演出节目，使之成为节日活动的一项内容。2012年5月4—10日，察布查尔锡伯自治县纪念西迁节248周年活动期间，专门组织了“嘎善之夏”音乐周演唱会，其中就有锡伯族歌手郭笑媚民歌演唱会、安梅民歌演唱会、郭淑珍和殷德梅等三场民歌演唱会。现在锡伯族民歌已被制作成CD、VCD、MTV音乐，在不同场所播放。

5. 锡伯族的说唱艺术朱伦呼兰比和更心比，2007年列入自治区级非物质文化遗产名录。“朱伦”，是锡伯语对翻译过来的汉文章回演义小说的称呼,“念说”在锡伯语里称为“呼兰比”,统称为“朱伦呼兰比”,即“念和说章回演义小说”之意。朱伦呼兰比的内容极为丰富,大凡被认为可以念说的文学作品都是念说的对象,内容涉及古今中外、各个朝代的正史、野史、外史、稗史、轶闻奇事等。据初步调查,用满文或锡伯文翻译并手抄的“朱伦”,在民间留存的就有一百多部。在众多作品当中,锡伯人最钟情于满译或锡伯译的《三国演义》,往往百读不倦,百听不厌,其中的故事情节家喻户晓,几乎人人皆知。据说在“朱伦呼兰比”盛行时期,一部译著(朱伦)增值至一头牛的价格,有钱人家会出这个价买下来,供大家欣赏。同样由于译著少,听众多,人们就自发地组织起来集体听读,由此促进了朱伦念说的形成和普及。

过去,在锡伯族农村,每到冬季农闲或节假日的夜晚,人们三五成群地聚在一个有“朱伦”的人家里,由一位念说艺人念诵“朱伦”,众人用心倾听和欣赏。念说艺人念说的调式风格各异,各具风采。念说时无乐器伴奏,也不需要什么道具,但讲究声韵和音调的节奏变化,念说的旋律随着书中人物的命运和故事情节的发展而不断发生变化,声调委婉动听、抑扬顿挫,引人入胜,将听众们带入一个神圣的文学殿堂,给劳作一天的人们以美的满足和极大的精神享受。大家听到动人处或念说完一个章节后，便按捺不住，纷纷发表议论，说古道今，畅谈听后感想，以增进对作品内容的理解，并延伸至当今的社会现象，做一番比对性的评判，使人们的心灵得到升华，进而增强人们热爱真善美，憎恶假恶丑的理念。

“更心比”主要用来“吟和唱”，用于满文、锡伯文创作的文学作品的吟唱。更心比是一种音乐化的表现形式，具有一定的韵文体曲调，一般都是同一曲调演唱多段或长篇唱词的单曲体。锡伯语歌词的押韵要求比较严格，歌词的头韵、腰韵和尾韵都要求押韵和谐。更心比吟唱的主要作品大都是本民族作者用锡伯语创作的，诸如《辉番卡伦来信》《西迁之歌》《喀什噶尔之歌》《汗腾格里颂》《劝学歌》《素花之歌》《禁烟歌》《海兰格格》《大沙枣树下》等散文、诗歌体裁。还有根据《楚汉演义》《三国演义》的故事情节创作的《四面楚歌》《小乔哭周瑜》《三国之歌》《过五关之歌》等吟唱诗作。更心比具有较为固定的音律和曲调，节拍、节奏、声调等往往随着讲述者的即兴发挥而发生变化，随意性较强。更心比音乐结构一般都是单乐段。乐段内结构有上下乐句结构、上下乐句加补充、三乐句结构、四乐句结构和多乐句结构等。

锡伯族民间民歌大师丽梅在西迁节期间为群众演出

锡伯族的朱伦呼兰比和更心比是在特定的地理环境和人群中产生和发展的,体现了锡伯族的历史精神和人文传承,是不同异质文化间的对话、真诚交流、和谐相处的产物,涵盖了清代新疆和伊犁地区多元民间文化的有机成分。这种多元文化与本民族的文化传统有机地结合在一起,体现出两种文化相互离不开的亲密关系。这种文学形式具有广泛的群众基础,拥有过众多的听众,为提升锡伯族的整体文化素质、活跃群众文化生活做出过不可磨灭的贡献。

由于目前50岁以下的锡伯族群众大都不会读写锡伯文,导致出现朱伦呼兰比即将消失的危机。再加上受社会强势文化的冲击和现代娱乐文化的影响，年青一代对朱伦呼兰比和更心比已不感兴趣，并且听不懂念说的内容，使朱伦呼兰比和更心比更处于濒危状况。近年来，项目保护单位察布查尔锡伯自治县文化馆采用民间搜集、举办朱伦呼兰比大赛等方式，利用现代媒体对其进行录制，现已录制40余部朱伦，西迁节活动期间在县广播台和电视进行播放，不但取得抢救性保护成果，而且使这种民间说唱艺术也走向西迁节活动舞台。

六、传统体育和竞技的文化创新

过去，在举办西迁节活动期间，举办本民族传统的竞技旅游活动。主要有：传统射箭、传统摔跤、荡秋千、儿童游戏(艾曼占地、明明嘎尔嘎尔、抓老鹰、毛球游戏、发拉游戏、马将、索颇尔等)、棋类游戏(羊围狼、走京城、卡塔游戏)、举重(举麻袋、抬石磙及其他重物)等。当中最重要的属传统射箭项目。对此，有一首题为《锡伯与弓箭》的诗作了这样描述：

许身一根弦/相守环中环/苦练百年箭/成败一瞬间/一枚金牌喜相传/多少往事涌上心/说到嘴边却无言/弦响冰大坂/箭开天山关/脚下的路艰难/周边地宽广/弓无愧开路人/人无愧弓背弯/

射准噶尔献礼赞/英雄无愧天地圆/世交的伙伴啊/锡伯与弓箭/金闪闪梦成真/沉甸甸肩上担!

在锡伯族名目众多的民间体育和竞技项目中,延续至今并影响力最大的是传统射箭,这也是锡伯族人最喜爱的传统体育竞技运动。过去,锡伯族人居住的每个牛录都设有箭场,每个牛录每年都要举行一至两次射箭比赛。先由牛录各条街道举行比赛,之后选拔出优胜者去参加本民族传统节日期间举办的庙会上进行比赛。

时值现代,锡伯族的传统射箭受现代竞技项目的强烈冲击,在民间已基本上不举行传统方式的竞技比赛了,会射箭的人大都年岁偏高,年青一代又未能及时传承,使此项运动开始出现无法开展和无人传承的局面。近年来,在举办西迁节

锡伯族传统体育项目——射箭

纪念活动期间都要组织举行传统方式的射箭比赛，使此项竞技得以恢复。同时，与本地旅游业相结合，在每一个旅游景点设立了传统射箭项目，游客在观光的同时，也能领略到锡伯族传统射箭的风采。

2012年8月，全国第二届传统弓箭比赛在察布查尔锡伯自治县举行，全国有15支代表队前来参加。赛事期间还举办了弓箭文化研讨会、招商推介会等。通过赛事，锡伯族的传统射箭提升为全国性的比赛活动。

七、西迁节拓展的文化空间

西迁节扎根于祖国西部极边之地察布查尔锡伯自治县（当年的锡伯营八旗所在地）的土地上，向全国锡伯族地区辐射，历经二百多年沧桑演变，终于形成集本民族民俗传统，集历史、时空、地域、精神为一体，拥有其特定时间、特定地点、特定仪式的文化空间。主要表现在：

改革开放以后，隔绝二百多年的新疆和东北地区的锡伯族同胞终于取得了联系，开始了频繁的往来，通过西迁节这一平台，构成了相互交流和沟通的文化空间。由此西迁节成为由新疆过渡到东北，并由民间活动过渡为官方组织的活动。

2004年，在察布查尔锡伯自治县人民政府举办的纪念西迁240周年节庆活动中，各种文体活动、学术研讨会、经贸洽谈会、旅游、饮食、民族服装表演、民俗文化展示会等同步进行，使节庆活动成为全面展示和介绍本民族的民俗文化传统、寻机遇、谋发展的文化空间。同年由辽宁省沈阳市新城子区政府主办的西迁节，也开拓出其广阔的文化空间，来自全国各地的数万名同胞参加，规模空前。两地的节庆活动及其民俗艺术都展示出锡伯族人民热爱祖国、同心同德、开拓奋进的优良传统。

西迁节的文化空间承载和传播着锡伯族人民爱国主义的民族情感、文化血脉和思想精华，在传承本民族优秀文化传统、推动社会主义先进文化的发展繁荣中发挥着其他文化形式所不能替代的作用，成为在锡伯族地区建设先进文化的宝贵资源：成为运用节日方式，促进本民族自治地方发展特色旅游产业、招商引资、发展经济和文化、教育事业，推动团结互助、融合相处的人际关系和平等友爱、温馨和谐的社会环境，激发社会活力，调动民间力量、空间和网络，进一步增进中华民族凝聚力和认同感的一种表现形式。

现代意义上的西迁节，其文化空间展现出锡伯族的民族特点和民族情感，在思想观念上发生了由悲伤到欢乐、由封闭到开放的根本性转变，反映出一种浪漫、动人的吉祥意义。西迁节成为锡伯族人岁月长途中的欢乐盛会，生活中的美妙诗篇。现在，西迁节的内容与形式已经有了很多改变，在活动仪式上也被注入较多的现代文化层面上的含义，但其传统文化的本质内容依然得以保留。2011年和2012年，察布查尔锡伯自治县党委和政府先后举办第一、第二届西迁节经贸文化节旅游节，期间举办了极隆重的卡伦祭祀仪式和图伯特祭祀仪式，还举行核心文化价值观和文化名人座谈会、多场著名歌手演唱会、大型原生态歌舞演出和打破上海大世界基尼斯纪录的万人跳贝伦舞的仪式，将传统仪式与现代文化艺术有机地结合起来，为民族传统节日在现代进行传承和发展提供了可借鉴的典范。

通过西迁节的文化空间，使锡伯族的这一传统节日成为最具广泛性和代表性的节庆活动，成为各民族相互离不开、增进友谊和了解、团结和睦、共同进步、高唱民族团结之歌、共建和谐社会的沟通交流平台。同时，通过节日交流方式，将学习和吸取其他民族的优秀文化与本民族的习俗文化有机结合起来，使节日文化积极融入现代社会文明，使之更具优良的民族性格、民族传统和开放性。

八、西迁节对锡伯族旅游文化的助推作用

察布查尔锡伯自治县通过举办西迁节这一节庆活动，不仅对该县区域经济的运行、区域无形资产的积累起到积极的推动作用，而且在一定程度上改善了区域的自然、人文环境，给该县的民族旅游文化发展提供了可持续发展的空间。

察布查尔锡伯自治县作为锡伯族西迁后的定居所在地，完整地保留了锡伯族的语言、文字、传统技艺等，成为锡伯传统文化的富集地。这一独特的文化资源，对打造旅游文化品牌、彰显其旅游文化特色，从而拉动地方经济，提供了得天独厚的条件。目前，该县全力打造“绿色、宜居、人文、幸福”的环境，正在打造“中国箭乡·锡伯家园”文化旅游城市名片，在推动地方经济发展的同时，始终把本民族节日文化的保护、传承和发展放在首要位置，把文化理念的发展和核心价值观的培育放在工作的重点，在继承中提升、传承中创新，形成了具有深厚内涵的节日文化旅游品牌。主要做法有：

一是将锡伯族的传统文化作为一种文化资本，融入本县经济社会发展体系之中，努力将察布查尔锡伯自治县打造成世界级的锡伯族文化旅游

地，成为新疆、中国乃至世界重要的旅游文化景点。目前，该县以西迁节及其西迁文化为重点，结合文化娱乐、旅游休闲、特色文化艺术表演等活动的开展，将锡伯族特有的民俗风情、生活方式与城镇现代化建设、旅游业开发、特色民族手工业生产性经营等紧密联系，已取得明显成效。

二是，该县在“十二五”发展规划目标中已将旅游经济的总体发展方向定义为：“以西迁精神为民族文化灵魂，以锡伯民族文化体验为核心，整合卡伦、图公祠、靖远寺、察渠龙口等文化资源和伊犁河、白石峰、琼博拉等自然资源，以大项目为抓手，完成从单一的“锡伯民俗风情”到县域完整的“文化体验”旅游地的升级，并以文化旅游产业为辐射带动，培育文化产业为本县经济支柱产业。

三是该县着力打造锡伯族西迁旅游文化，按照“立足基础、发挥优势、打造特色、彰显个性”的原则，依托“一园一边一山一水”，突出重点，分步构建“一主四片”西迁文化旅游发展格局。“一主”，即以孙扎齐牛录乡锡伯民俗文化旅游名村为核心的主板块。“四片”，即东部以米粮泉乡为重点的特色农家美食区，南部一山银哈达峰为重点的森林生态休闲区，西部以都拉塔口岸为重点的边境旅游区，北部以伊犁河谷风光为重点的次

刺绣竞赛

生林风景区。精心打造旅游主板块，加快实施锡伯民俗文化旅游名镇规划，创建“世界唯一，唯我独有”的旅游品牌。通过打造西迁旅游文化，提升举办西迁节的水平，加大其宣传力度。

综上，西迁节对于宣传和提升察布查尔锡伯自治县民族文化旅游强县的整体形象，促进该县经济和社会事业跨越式发展起着重要的推介作用。

参考文献

[1]佟加·庆夫.国家级非物质文化遗产代表作锡伯族西迁节项目申报书,2005.

[2]佟加·庆夫.国家级非物质文化遗产代表作锡伯族贝伦舞项目申报书,2007.

[3]佟加·庆夫.国家级非物质文化遗产代表作锡伯

族刺绣项目申报书,2010.
[4]佟加·庆夫.国家级非物质文化遗产代表作锡伯族弓箭制作技艺项目申报书,2007.
[5]佟加·庆夫.自治区级非物质文化遗产代表作锡伯族汗都春项目申报书,2007.
[6]佟加·庆夫,文健.锡伯族非物质文化遗代表作.乌鲁木齐:新疆人民出版社,2010.
[7]新疆维吾尔自治区文化厅.新疆非物质文化遗产名录图典(一).乌鲁木齐:新疆青少年出版社,2012.
[8]佟加·庆夫著.西域锡伯人.乌鲁木齐:新疆大学出版社,1999.
[9]佟加·庆夫,佟林清编著.锡伯族风情录.乌鲁木齐:新疆人民出版社,2004.
[10]佟加·庆夫,郭庆,葛丰交著.中国少数民族风情游·锡伯族.北京:中国水利水电出版社,2005.
[11]县政协文史委编.察布查尔锡伯自治县文史资料(第一辑),2002.
[12]伊犁电视台.10集电视专题片《走进锡伯族》,2004.
[13]察布查尔锡伯自治县旅游发展总体规划调整优化纲要,2010.
[14]察布查尔锡伯自治县十二五发展规划,2011.
[15]人民日报.以高度文化自觉和文化自信实现文化自强,2012.